예수의 위대한 비유

뒤집고 흔들어 지혜를 깨운다

예수의 위대한 비유

초판 1쇄 발행 2023년 10월 16일
ⓒ 이종철, 2023

지은이 이종철
펴낸이 한현숙
디자인 황보라
펴낸곳 라이트앤라이프

출판등록 2022년 11월 21일 (제2022-000075호)
주소 08734 서울특별시 관악구 청림6길 3 2층 214호
전화 02-535-9182   **이메일** miseliot@daum.net

ISBN 979-11-981280-3-4 (03230)

예수의
위대한 비유

이종철 지음

뒤집고 흔들어
지혜를 깨운다

THE GREAT PARABLES OF JESUS

라이트 앤 라이프
LiGHT N LiFE

프롤로그

예수의 비유는 좀 수상하다. 예수님 말씀이라지만, 현대 설교자라면 예화를 잘못 사용했다고 지적받을 만하다. 밭에 감추인 남의 물건을 몰래 가져간 자가 하나님 나라의 모범이 된다. 더럽고 하찮은 누룩과 겨자씨가 하나님 나라의 주인공이다. 선한 사마리아인은 사랑의 모범인지, 아니면 차별과 편견을 깨는 도구인지 초점이 모호하다. 하나님은 자신을 무시한 자를 엄혹하게 심판하거나, 때로는 탐욕스런 고리대금업자의 모습으로 나타난다. 포도원 품꾼 비유의 주인은 자애로운 하나님으로 볼 수도 있지만, 일찍부터 일한 자를 무시하는 행동은 좀처럼 이해하기 힘들다.

나는 10여 년 전에 예수님의 비유를 《뜻밖의 초대》^{다음생각, 2010}라는 책으로 출간한 적이 있다. 전통적인 비유 이해를 바탕으로 강해 설교했던 내용이다. 그런데 그 이후 예수님의 비유를 더 세밀히 묵상하고 연구하면서 비유들이 좀 괴상하다는 생각을 갖게 되었다. 이는 최근의 예수 비유 연구도 한몫을 했는데, 역사적 예수 연구를 주도하는 미국의 〈예수 세미나〉 그룹에서 전복顛覆적 지혜 철학자로서의 예수가 부각되었다. 전복한다는 것은 뒤집고 흔든다는 의미인데, 그 특징이 가장 잘 나타난 것이 바로 예수의 비유다.

전통적 관점은 예수의 비유를 어떤 모범이나, 선교와 윤리적 교훈이나, 종말론적 위기를 강조하는 도구로 해석해 왔다. 반면에 최근의 연구는 비유의 도전적, 전복적 성격에 주목하는데, 이는 당시의 전통이나 인습이나 인간의 선입관을 깨고 뒤집는 매우 혁명적 성격을 지녔다. 그 결과 이전 책에서는 '달란트 비유' 제목을 "한 달란트 받은 자의 비애"라 하였는데, 이번 책에서는 "한 달란트 남긴 자가 옳다"로 바뀌는, 완전한 역전이 일어났다. 악인이 선인이 되고, 선하다고 믿었던 행위에 물음표를 다는 일이 예수가 전한 많은 비유 안에서 벌어진다.

예수의 비유가 그동안 이처럼 오해되었던 이유는 초대교회나 현대 설교가들이 착하게, 곧 윤리적이거나 교리 옹호적으로 해석하려는 경향 때문이었다. 예수는 한낱 윤리나 도덕 선생이 아니고, 냉소적인 풍자가 차원을 넘어, 근본적으로 인간의 문화와 의식을 흔들고 뒤집는 사상적 혁명가이다. 십자가의 도로고스, 논리가 이 세상의 지혜를 어리석게 만드는 것이라면 이는 비유 해석에도 적용이 되어야 한다. 예수의 비유는 세상의 문화나 지혜를 뒤집고 흔들어 어리석게 만드는 것이 목적이다.

그래서 예수의 비유는 뒤집어 읽어야 제대로 보인다. 아기의 뒤집기가 퇴행이 아니라 일어서기 과정에서 반드시 필요한 행동인 것처럼, 의심하고 질문하고 도전하는 것은 예수 비유의 본질에 접근하기 위해서 요청되는 필연적 과정이다. 역사상, 비유를 예화나 풍자의 목적이 아닌 이런 식으로 사용한 사상이나 철학은 없었다는 점에서 예수의 비유는 위대하다. 유대교도 많은 악가다^{이야기식}^{풀이} 방식으로 비유를 사용하지만, 그 목적은 신앙적 교훈을 주거나 신학적 난제를 풀기 위해서이다.

예수의 비유는 이솝의 우화처럼 동물들이 등장하지 않고, 철저히 사람들의 삶의 이야기가 소재가 되고 있다는 점에서 또한 독특하다. 비유의 주인공들은 농부, 장사꾼, 지주, 왕, 청지기, 품꾼, 여자, 가족, 친구, 세리, 사마리아인, 거지, 부자 등 평범한 일상에서 접할 수 있는 사람들이다. 씨앗이 주인공이 아니라 씨를 뿌리는 농부가 주인공이다. 일상사가 비유가 되어 하나님 나라의 신비를 드러낸다는 점에서 예수의 비유는 인간의 먹고살기 위한 몸부림을 위대한 차원으로 격상시키고 있다.

본서의 예수 비유 뒤집기는 강해 설교 형태로 매주 진행되었다. 책으로 출간하면서 문체도 평어체로 바꾸고, 내용도 연구서 형식으로 고칠까 고민하다 그대로 설교체를 유지하기로 하였다. 연구서로 바꾸는 순간 창의성과 과감한 상상력이 제한을 당한다. 연구서는 학문적 근거와 출처를 밝혀야 하기에 글쓰기에 제한이 생길 수밖에 없다. 그렇다고 하여 아무런 학문적 근거도 없이 그저 상상력만으로 설교하지는 않았다. 비유 연구의 최근 성과를 최대한 수용한 바탕에 상상력을 더하여 새로운 비유의 세계를 그려내었다.

복음서 연구에서 사회과학적 방법론이 활용되면서 고대 중동 세계나 문화에 대한 지식이 대폭 확장되었다. 비유의 세계를 재구성하기 위해서는 2천 년 전 생활상을 최대한 가깝게 재연하는 것이 필요하다. 그러나 시간적 간격이나 문헌이나 고고학의 한계로 인해 완벽한 재연은 어렵다. 비유 설교 과정에서 그 성과물들을 최대한 활용하였지만, 해석에 결정적 영향을 미치지는 않았다. 사실 다른 무엇보다 이미 비유 자체가 당시의 사회상을 완벽히 보여주고 있다.

씨를 뿌린 다음에 땅을 갈아엎는 방식은 낭비가 심한 이상한 농경법인데, 이를 다른 문헌이나 고고학적 증거로 굳이 확인할 필요는 없다. 비유가 그렇게 말하면 그게 증거인 것이다. 오히려 그 사실의 바탕 위에서 왜 이런 일이 생겼고, 그 결과나 의도를 따지는 그럴듯한 상상력이 비유 이해에 있어서는 더 중요하다.

품꾼의 하루 품삯이 한 데나리온이라는 것은 다른 문헌이 아니라 포도원 품꾼의 비유에서 주인과 품꾼 사이에 하루 한 데나리온을 주기로 한 약속에서 확정되었다. 비유의 문자를 잘 분석하면 고대 세계의 많은 부분을 복원해낼 수 있다. 본서에서는 이런 방식으로 당시 세계상을 추론해 낸 것들이 몇몇 있다. 연구서라면 당연히 그 증빙자료를 추가로 제시해야 했을 것이다. 그렇지만 지나친 학문적 태도는 비유가 주는 상상의 세계로 과감히 뛰어드는 데 오히려 방해가 된다.

그런 점에서 자유로운 설교 형식이 비유를 해석하기에 더 탁월하다고 본다. 비유 또한 스토리 구조를 가지고 있기에, 동일한 스토리 형식을 가진 설교가 비유 해석에는 적합하다. 설교는 주석과 신학의 꽃이지만, 한편 설교는 창의적이며 위험한 작업이기도

하다. 설교자의 인격, 지식, 상황 등의 한계를 안고서 하나님의 말씀을 현대인들에게 선포해야 하기 때문이다.

설교는 모험이다. 설교는 최첨단의 신학이나, 좌나 우로 치우치는 것도 각오해야 한다. 위험을 각오하지 않으면 하나님 말씀이라는 보화는 자기 모습을 잘 드러내지 않는다. 하나님의 말씀은 불이지 물이 아니다. 하나님의 말씀을 말씀 되게 하고, 그 말씀으로 인해 서고 넘어지게 하는 것은 성령이지 인간의 탁월함이나 오류들이 아니다. 잘못된 것은 성령과 교회가 교정하리라 믿는다. 본서는 예수의 비유 말씀에 대한 매우 과감한 해석을 시도하였다.

비유 설교와 본서를 출간하는 데 참조한 몇몇 책들이 있다. 전통적 해석은 이미 익숙하게 접하였기에 예수의 비유를 도전적으로 해석하는 책들을 주로 참조하였다. 그 책들은 다음과 같다.

- 예레미아스J. Jeremias, 《예수의 비유》 (분도출판사, 1974)
- 크로산J. D. Crossan, 《비유의 위력》 (한국기독교연구소, 2012); 《역사적 예수》 (한국기독교연구소, 2000)
- 브랜든 스캇B. Brandon Scott, 《예수의 비유 새로 듣기》 (한국기독교연구소,

2006); 《그런즉 비유를 들으라 Hear Then the Parable》 (Fotress Press, 1989)

• 헤어초크 W. Herzog, 《전복적 연설로서의 비유 Parables as Subversive Speech》 (Westminster John Knox Press, 1994)

예수의 비유는 그 파격성 때문에 논쟁거리가 많다. 예수님은 비유를 던진 후 청중들이 분노하거나 공감하거나, 또는 난상 토론이 벌어지길 기대하셨다. 일방적인 가르침보다는 논쟁하며 대화할 때 더 많은 것을 배울 수 있다. 비유는 평범한 이야기이지만 기독교의 중요한 교리나 인습들을 건들고 있다. 비유 설교 후 교인과 함께 토론 하는 시간을 가지면 좋을 것이다. 하나님의 말씀은 설교자 한 사람의 입을 통해서만이 아니라, 교회의 전회중이 함께 만들어가는 작업이다.

난해하고 도전적인 비유 설교를 끝까지 듣고, 비평해준 빛과 생명 교회 성도들에게 감사를 표한다.

2023년, 뜨거운 8월에

이종철

차례

01
한 달란트 남긴 자가 옳다

달란트와 므나 비유 [마태 25:14-30]
어떤 사람이 타국에 갈 때 그 종들을 불러 자기 소유를 맡김과 같으니, 각각 그 재능대로 한 사람에게는 금 다섯 달란트를, 한 사람에게는 두 달란트를, 한 사람에게는 한 달란트를 주고 떠났더니... 한 달란트 받았던 자는 와서 이르되 "주인이여 당신은 굳은 사람이라 심지 않은 데서 거두고 헤치지 않은 데서 모으는 줄을 내가 알았으므로 두려워하여 나가서 당신의 달란트를 땅에 감추어 두었었나이다. 보소서 당신의 것을 가지셨나이다." 그 주인이 대답하여 이르되 "악하고 게으른 종아 나는 심지 않은 데서 거두고 헤치지 않은 데서 모으는 줄로 네가 알았느냐? 그러면 네가 마땅히 내 돈을 취리하는 자들에게나 맡겼다가 내가 돌아와서 내 원금과 이자를 받게 하였을 것이니라."

비유의 괴상함

달란트 비유는 매우 유명한 비유 말씀입니다. 그런데 곰곰이 따져보면 이상한 점이 있습니다. 어떤 학자가 이 본문을 미국의 제국적 자본에 수탈당하던 남미 니카라과 농민에게 읽게 했다고 합니다. 그 농민은 달란트 비유를 읽더니 대뜸 "착취, 돈 투기의 매우 추한 본보기"라며 맹비난했다고 합니다.

실제 그렇지 않습니까? 이 주인은 종들에게 돈을 나눠주고는 재산을 불려 오라고 닦달하는 탐욕스런 자본가 같습니다. 다섯 달란트나 두 달란트 남긴 종은 이자율로 따지면 100% 수익을 남겼습니다. 100%가 어디 쉽습니까? 달란트 비유와 유사한 누가복음의 므나 비유에서는 열 명의 종에게 각각 1므나를 주었는데, 어떤 종은 10므나 곧 1000% 수익을, 또 다른 종은 5므나 곧 500% 수익을 남겼습니다. 고대 사회에서 어떻게 이런 수익이 가능합니까? 완전히 고리대금업에 해당합니다.

이런 종들에 대해서 주인, 곧 이분은 하나님으로 추정되는데, 오히려 칭찬을 합니다. 그러면 하나님이 고리대금업자입니까? 한 달란트 남긴 종이 24절에서 "당신은 굳은 사람이라 심지 않은 데서 거두고 헤치지 않은 데서 모으는 줄을 내가 알았으므로"라는 표현이 틀린 말은 아닙니다. '당신은 굳은 사람이라'는 말은 당신은 인색하고 무자비한 사람이라는 주인에 대한 비난입니다. '심지 않은 데서 거두고'는 은행 용어로 이자놀이를 비꼬는 말입니다. 이 주인이 하나님이라면 하나님은 매우 냉혹하고 매우 탐욕적인 분이 됩니다. 우리 하나님이 그렇습니까?

여기에 또 다른 문제가 있습니다. 주인은 "네가 마땅히 내 돈을 취리하는 자들에게나 맡겼다가 내가 돌아와서 내 원금과 이자를 받게 하였을 것이니라"[27]절라는 말을 너무나 자연스럽게 하는데 이스라엘 사회에서 이자놀이가 가능합니까? 아닙니다. 유대 율법에서는 동족에게 이자를 받는 것이 엄격하게 금지됩니다. 신명기 23장 19절 말씀입니다. "네가 형제에게 꾸어주거든 이자를 받지 말지니 곧 돈의 이자, 식물의 이자, 이자를 낼 만한 모든 것의 이자를 받지 말 것이라"

이자놀이 금지는 예수님 시대에도 여전히 통용되었습니다. AD 40년경에 기록된 것으로 추정되는 〈마카비4서〉의 내용입니다. "사람이 비록 돈을 사랑하는 사람이라 할지라도 율법에 따라 생활하는 방식을 받아들이면 그는 즉시로 자연스런 방식과는 반대로 행동하게 되며 궁핍한 사람에게 이자를 받지 않고 돈을 빌려주며 제7년이 돌아오면 빚을 탕감할 수밖에 없게 된다."2:8 주인으로 상징되는 하나님이 자신이 만든 율법을 위반하는 셈이 됩니다.

악인인가 영웅인가?

예수님이 활동하시던 곳이 이방 땅이라면 설득력이 있겠는데 팔레스타인 유대 땅이라면 예수님의 이 비유는 사람들을 깜짝 놀라게 했을 것입니다. 오히려 한 달란트를 땅에 감춘 자가 성경대로 행했습니다. 미국의 성서학자 헤어초크는 세 번째 종을 비유의 '영웅'이라 부릅니다. "그는 달란트를 땅에 묻음으로써 돈이 발생시키는 착취의 사슬을 끊는다."라고 추켜세웁니다.《전복적 연설로서의 비유》

한 달란트 그대로 남긴 자는 맘몬의 논리가 지배하는 사회에서 성서의 윤리를 붙잡고 있는 자입니다.

26절에서 주인의 "악하고 게으르다"라는 비난은 어디서 많이 들어보지 않았습니까? 네, 자본가들이나 사장님이 노동자나 가난한 사람들을 향하여 상투적으로 하는 말입니다. 그들은 가난한 자들은 게을러서 그렇게 되었다는 편견을 가지고 있습니다. 세상에서 게을러서 가난해진 사람은 정말 극소수입니다. 노력했지만 결과가 좋지 않았거나, 운이 없어 실패해서 그렇게 되었을 뿐입니다.

실제 한 달란트를 땅에 묻은 자가 잘못을 범한 것은 없습니다. 은행 제도가 발달하지 않은 유대 사회에서 돈을 땅에 묻어두는 것은 가장 안전한 방지책입니다. 그래서 유대 탈무드에서는 땅에 담보물을 묻은 자는 도둑을 맞았을지라도 배상 책임이 없습니다. 반면에 므나 비유에서처럼 한 므나를 '수건에 싸 두었다'눅 19:20면 그 부주의함에 대한 책임을 져야 합니다.

한 달란트를 땅에 묻은 자는 주인이 어떤 사람인지 이미 잘 알고 있었습니다. 그런데도 땅에 그대로 묻었다면 악하거나 게으르다는 평가 이전에 어떤 이유가 있었을 것입니다. 혹시 한 달란트 받은 자는 이방의 착취 제도에 맞서 하나님의 법을 따르는 준법 투쟁을 한 것은 아니었을까요? 그 결과는 "바깥 어두운 데로 내쫓기는"30절 매우 쓰라린 것이었지만 말입니다.

이 비유를 들을 때 군중들은 어떤 반응을 보였겠습니까? 주인이나 다섯 달란트나 두 달란트 남긴 자에게 동조했을까요? 다섯 달란트, 두 달란트는 매우 큰 액수입니다. 한 달란트가 6천 데나리온이고, 1데나리온은 노동자 하루 품삯입니다. 하루 임금의 1만 배 내지 3만 배의 재물을 가진 자는 더 이상 민중이 아닙니다. 그는 상위 1-2%에 드는 엘리트입니다. 더군다나 민중들은 부유층과 이방인들의 이자놀이로 땅을 빼앗기고 일용 노동자로 전락한 사람들이 대부분입니다. 그들은 오히려 한 달란트 받은 자의 태업에 지지를 보냈을 것입니다.

초대교회에도 이런 식으로 해석하는 일부 흐름이 있었습니다. 마태복음 확장판으로 2세기 전반에 시리아 지역에서 유통되었던 위경 〈나사렛인 복음서〉가 있습니다. 거기서는 '재물로 많은 돈을 번 자'는 책망을 받고, '달란트를 감춘 자'는 기쁨으로 받아들여집니다.

전통적 해석의 곤혹

이런 식으로 뒤집는 해석은 충격적일 수밖에 없습니다. 몇 년 전에 청소년용 모 월간 묵상집에서 달란트 해석 때문에 문제가 된 적이 있었습니다. 경제학을 전공했던 한 필진은 달란트 비유를 이렇게 해석했습니다.

"다섯 달란트와 두 달란트 받은 사람이 두 배 수익을 얻은 것도 주목해야 합니다. 경제적 착취가 없었다면 이렇게 높은 수익을 거둘 수 있는 방법이 없기 때문입니다. 혹시 달란트 비유에서 진정한 주인공은 한 달란트 받은 사람이 아닐까요? 한 달란트 받은 사람은 남을 착취하는 방식으로 돈을 버는 사업을 거부하고, 주인에게 맞서기로 한 것이 아닐까요? 달란트 비유를 능력주의 관점으로만 바라보지 않고, 반대로 해석해 보는 것도 좋은 시도라고 생각합니다." 이런 식의 해석 때문에 보수 교회에서 난리가 났습니다. '성경 해석을 왜곡했다.' '좌파적 이론이다.'라는 식의 비판이었고, 이 때문에 그 출판사는 사과했고, 해당 필진은 하차했습니다.

달란트 비유는 한국교회가 매우 사랑하는 비유입니다. 교회학교에서는 1년에 한 번쯤은 '달란트 잔치'를 하며 많은 열매를 남긴 어린이에게 큰 상급을 줍니다. 이 비유는 하나님께서 주신 은사나 직분으로 충성되게 일하라는 교훈으로 많이 해석되었습니다. 청교도들이 대표적이었습니다. 사회학자 막스 베버Max Weber는 《자본주의 정신과 프로테스탄트 윤리》에서 자본주의의 발달을 프로테스탄트의 예정론 신앙에서 찾았습니다. 청교도들은 자신이 예정 받았다는 증거를 받은 재물이나 은사를 활용해서 이익을 남기는 것으로 확인했습니다. 그러니 예전 봉건 영주들처럼 재물을 쌓아놓으면 죄가 되고, 이 재물을 활용하여 더 많은 재물을 남겨야 합니다. 이 때문에 소위 '자본'이 등장하고 자본주의가 발달했다는 분석입니다.

베버의 책에 등장하는 청교도 목사 리처드 백스터Richard Baxter
의 다음과 같은 말은 매우 노골적입니다. "만약 하나님이 당신에
게 다른 어떤 방식보다 더 많은 돈을 벌 수 있는 합법적인 길을 가
르쳐주는데도 그것을 거부하고 더 적은 이익이 주어지는 방식을
취한다면, 당신은 당신을 부르신 소명을 거스르고, 하나님의 청지
기가 되는 것을 거부하고, 하나님의 선물을 받는 것도 거부하고,
주님이 원하실 때 그것들을 사용하는 것을 거부하는 것이다. 육체
와 죄를 위해서가 아니라 하나님을 위해서라면 당신은 부자가 되
기 위해 힘써도 된다."《기독교인 지침 A Christian Directory》 청교도들의 이런
태도는 그 의도와는 다르게 자본주의 탐욕 사회를 정당화하는 해
석이 되었습니다. 사람들은 이를 근면의 교훈으로 받기보다는 부
자가 되고 싶은 욕망의 정당화로 받아들였던 것입니다.

그러면 도대체 예수님의 원래 비유는 무엇이었습니까? 이 비
유의 진짜 의도는 어디에 있습니까? 비유를 해석할 때 무엇보다
중요한 것은 이 달란트 비유를 전하는 자가 제자 마태라는 사실입
니다. 마태는 자신이 예수님으로부터 듣고 깨달은 말씀을 마치 예
수님 말씀처럼 전하고 있습니다. 실상 예수님은 공생애 기간에 달
란트 비유를 변형하여 다양한 형태로 말씀하셨을 것입니다. 상황
에 맞춰 때로는 교훈이나 위로의 말씀으로, 때로는 신랄한 비난의

의도로 비유를 사용하셨을 것입니다.

이는 달란트 비유를 변형한 누가복음의 므나 비유가 잘 증명합니다. 므나 비유는 누가의 신학적 관심으로 인해 많이 윤색되었습니다. "그들은 하나님의 나라가 당장에 나타날 줄로 생각함이더라"눅 19:11에 대한 답으로 비유가 주어졌습니다. "어떤 귀인이 왕위를 받아 가지고 오려고 먼 나라로 갈 때에"12절라 하여 종말 지연 상황이 담겼습니다. 귀인의 왕 됨을 싫어하는 무리들에 대한 언급은 당시 아켈라오의 왕권을 반대하던 유대의 정치상황을 배경으로 삼았음을 보여줍니다. 1므나는 100데나리온으로 역시 적지 않은 액수이고, 그 상급으로 주어지는 '열 고을폴리스'의 권세는 매우 과합니다. 정치와 충성 경쟁과 종말지연이 함께 엮여 있습니다. 누가는 예수님의 비유를 자신의 방식으로 소화한 것입니다.

원래 예수님은 달란트 비유를 통해서 이방 세계 지주들의 탐욕스런 행태를 고발하거나, 이 때문에 고생하는 사람들을 위로하거나, 반대로 여기에 기생하여 출세하려는 어리석은 자들을 비난하거나, 아니면 그 실상을 보여줌으로써 가난한 민중들을 각성시키려는 의도가 있었을는지 모릅니다.

그렇지만 이방 세계의 환경에서 살았던 마태는 이 달란트 비유를 변화된 상황에 맞춰 충성과 근면의 교훈으로 해석했을 가능성이 있습니다. 이곳은 고리대금업이 합법화된 사회이고, 이를 이용해 참된 충성이 무엇인지 본보기 교훈으로 해석한 것입니다. 주인 곧 예수님이 재림하실 때 우리가 주어진 은사나 직분을 가지고 어떻게 충성했는지에 따라 심판하실 것이니 게으르거나 악하지 말라는 교훈으로 해석한 것입니다. 초대교회는 성령이 충만했던 사회로 성령이 가르치고 생각나게 하는 영감으로 말미암아 교회의 말이나 생각을 예수님의 것처럼 전하는 것이 자연스러웠습니다.

제 해석이나 추측도 한 가능성일 뿐입니다. 그러나 하나님 말씀은 마치 광산에 감추인 보물과 같습니다. 캐고 또 캐고, 해석하고 해석하면 무궁한 의미들이 쏟아져 나옵니다. 물론 그 해석이 기독교 근본 교리에서 벗어나서는 안 되겠지만 말입니다. 그것이 말씀의 힘입니다. 하나님 말씀을 단 하나의 의미로만 제한할 수 없습니다. 더 기발한 해석도 가능합니다. 저는 한 달란트를 받아 땅에 묻은 자가 옳은 행동을 했다는 결론을 내립니다. 그는 탐욕과 경쟁의 사회에서 성서의 윤리를 실천한 자입니다.

한 달란트 받은 자로 살아가기

이런 식의 결론으로부터 우리는 다양한 교훈을 도출할 수 있습니다. 너무 지나치게 일하지 말자는 교훈도 그 하나입니다. 현대인들은 이 세상 정신과 탐욕적 가치체계를 따라서 조금도 쉬지 않고 일을 합니다. 이익을 창출하기 위해 자신을 쥐어짭니다. 현대인 중에 정말 게으른 사람은 없습니다. 다들 너무 부지런해서 탈입니다. 이제 그만 멈춰야 합니다. 때로는 우리가 가진 시간, 은사, 재물을 땅에 묻어두는 여유나 쉼이 필요합니다. 이는 자본주의 탐욕 사회에 대한 일종의 저항입니다.

생산적이고 반드시 열매를 남기는 것이 하나님의 뜻은 아닙니다. 땅에 묻고, 사용하지 않고, 녹이 슬게 하는 것도 때로는 필요합니다. 그래야 지구가 숨을 쉴 수 있고, 우리 인생의 다양한 가치와 행복을 찾을 수 있는 여유가 생깁니다. 한 달란트를 땅에 묻는 것은 노동의 부담에서 벗어나 인생의 다른 행복을 찾는 새로운 선택입니다.

한 달란트 묻은 자를 비난하면 안 되는 이유는 우리가 바로 이 한 달란트 받은 자일 가능성이 높기 때문입니다. 불평등한 현대 사회 현실을 1대99, 20대80으로 구분하는 이유가 무엇입니까? 그만큼 한 달란트 받은 자, 약자들이 많다는 뜻입니다. 인류는 생산성을 강조하다 결국 1%만 행복한 사회가 되어버릴 지경에 놓여 있습니다. 생산성 높은 로봇이나 AI가 가장 많은 달란트를 남긴 자가 될 것이고, 대부분 인간은 루저로, 한 달란트 인생으로 전락할 것입니다.

하나님은 우리를 생산성을 가지고 판단하는 분이 아닙니다. 꺼져가는 심지를 끄지 않고, 상한 갈대를 꺾지 않으시는 분입니다.

잘나고 부유한 자보다, 가난하고 약한 자를 더 사랑하시는 분입니다. 아흔아홉 마리보다는 길 잃은 한 마리 양에 더 관심이 있습니다. 하나님은 엄한 주인이거나, 무자비한 은행가가 아닙니다.

선한 자가 선하지 않고 악한 자가 악하지 않다

선한 사마리아인의 비유 [누가 10:30-37]
어떤 사람이 예루살렘에서 여리고로 내려가다가 강도를 만나매 강도들이 그 옷을
벗기고 때려 거의 죽은 것을 버리고 갔더라. 마침 한 제사장이 그 길로 내려가다가
그를 보고 피하여 지나가고, 또 이와 같이 한 레위인도 그곳에 이르러 그를 보고
피하여 지나가되, 어떤 사마리아 사람은 여행하는 중 거기 이르러 그를 보고 불쌍
히 여겨 가까이 가서 기름과 포도주를 그 상처에 붓고 싸매고 자기 짐승에 태워 주
막으로 데리고 가서 돌보아 주니라

사랑의 모범인가, 전복적 지혜인가

선한 사마리아인good Samaritan은 사랑의 모범입니다. 세계적으
로도 선한 사마리아인이라는 이름의 구호나 자선 단체들이 많습
니다. 어떤 사람이 강도 만나 죽게 되었습니다. 유대의 제사장이나
레위인은 이 모습을 보고 외면했지만, 사마리아인은 위험이나 수
고를 무릅쓰고 강도 만난 자를 도왔습니다. 여관에 데려가 같이 하

룻밤을 지새웠고, 향후 치료비까지 지불하는 온전한 사랑을 행하였습니다. 예수님은 이 사마리아인 비유를 통하여 사랑은 어떻게 행해야 하는지 그 모범을 보여 주시려는 데 목적이 있었을까요? 곤궁에 처한 자가 당신이 도와야 할 이웃이라는 교훈을 율법사에게 알려 주시려 하였을까요?

만일 이런 목적이었다면 예수님은 비유를 좀 잘못 사용했습니다. 이 비유를 듣는 순간 유대인들은 어떤 것에 놀랐을까요? 사마리아인의 '친절한 행동'에 놀랐을까요? 아니면 착한 일을 한 자가 '사마리아인'이라는 데 놀랐을까요? 후자입니다. 만약 예수님이 이것을 사랑의 모범이나 우리의 이웃이 누구인가 그 정체성을 규명하려 했다면 오히려 강도 만난 자를 사마리아인으로 만드는 것이 더 좋았을 것입니다.

여기 사마리아인이 강도를 만나 거반 죽어가고 있습니다. 사마리아인은 유대 민족의 원수이기에, 율법적 성향이 강한 제사장이나 레위인은 못 본 척 지나갑니다. 그런데 어떤 평범한 이스라엘인이 지나가다 그를 불쌍히 여겨 민족적 편견이나 차별을 넘는 사랑을 행했습니다. 그러면서 이웃의 경계나 정체를 묻는 율법사에게 예수님이 "이 셋 중에 누가 강도 만난 자의 이웃이 되겠느냐?" 하고 물으셨으면 더 효과적이었을 것입니다. 율법사는 29절에서 "내 이웃이 누구입니까?" 하고 물었는데 그 이유는 이웃을 사랑하라는 예수님 말씀에, 사랑해야 할 대상인 이웃의 경계가 어디까지

인지 궁금증이 생겨서였습니다. 유대인까지인지, 유대인 중에서도 경건한 사람들까지인지, 아니면 바리새파나 에세네파 등 자기 종파만인지 질문한 것입니다.

이에 대해 예수님은 질문의 방향을 바꾸었습니다. 나로부터 출발하면 경계나 한계를 짓기 시작합니다. 자기와 어떤 식으로든 가까운 존재가 자기 이웃이 됩니다. 그러나 강도 만난 자의 입장에서는 지금 나에게 도움을 베푸는 자가 자기 이웃입니다. 주님은 이웃을 자기중심적으로 한정하지 말고, 나의 도움을 필요로 하는 자가 내가 사랑해야 할 이웃임을 보여주신 것입니다. 매우 새로운 시각입니다. 그러나 그런 교훈의 목적이었다면 강도 만난 자가 사마리아인이었다면 더 효과적이었을 것입니다. 그러면 아무리 너희가 싫어하는 사마리아인일지라도 너에게 도움을 청하거든 네가 도와줘야 할 이웃이라는 교훈이 됩니다.

그런데 예수님은 그런 식으로 비유를 구성하지 않았습니다. 누가는 사랑의 모범으로 예수님의 비유를 적용했지만, 예수님 비유의 목적이 정말 여기에만 있었을까요? 예수님의 비유는 다른 식으로도 읽을 수 있습니다. 무엇보다 선을 행하는 자가 사마리아인이었다는 데 우리는 주목해야 합니다.

선한 사마리아인?

비유를 다시 한번 재구성해 봅시다. 지금 정체 모를 사람이 강도를 만나서 거의 죽게 되었습니다. 먼저 제사장이 지나갑니다. 사람들은 경건하고 사랑이 넘치는 제사장이 이 사람에게 도움을 줄 것을 기대합니다. 그런데 보고 피하여 지나갑니다. 이번에는 레위인이 지나갑니다. 레위인은 제사장보다 한 단계 아래지만 그래도 그 또한 성전에서 일하고, 율법 연구자들도 많은 제법 괜찮은 부류입니다. 그런데 실망스럽게도 이 사람 또한 못 본 척 지나갑니다.

빈센트 반 고흐, 《선한 사마리아인》, 1890

저기 세 번째 사람이 다가옵니다. 흔히 민담이나 전설에서 세 번째 사람은 항상 비유의 영웅입니다. 이 사람은 실망시키지 않고 사랑을 행할 것이라 사람들은 기대합니다. 지도자들이 실패했으니 이제는 평신도 중에 순수한 어떤 이스라엘인이 선을 행할 것이라 기대합니다. 그런데 뜻밖에도 나타난 것은 자기 민족이 원수처럼 생각하는 사마리아인이었습니다. 그 사마리아인은 강도 만난 자에게 도움을 주었을 뿐만 아니라, 그 사랑이 지나칠 정도로 친절합니다. 포도주를 붓고, 기름을 바르고, 주막까지 나귀에 태워 데려가고, 하룻밤을 지새우고, 완전히 회복될 때까지 여비를 주인에게 주고 갑니다. 사람들은 이 모습에 입을 다물 수밖에 없습니다. 어떻게 사마리아인이 선한 행동을 할 수 있지? 이렇게 완전한 사랑을? 예수님이 누가 강도 맞은 자의 이웃이냐고 물었을 때 충격을 받은 율법사는 "자비를 베푼 자니이다."[37절] 하고 답했을 뿐입니다. 사마리아인이라는 말을 차마 꺼낼 수 없었기 때문입니다.

사실 '선한 사마리아인'이라는 말은 유대인들이 보기에 모순입니다. 사마리아인은 선할 수 없습니다. 유대인들은 사마리아인들을 뿔 달린 괴물처럼 취급했습니다. 다른 어떤 민족보다 사마리아인들을 싫어하고 혐오했습니다. 외경 〈집회서〉 말씀입니다. "내가 마음으로 증오하는 민족이 둘 있는데 셋째 번 것은 민족이라 할 수도 없다. 사마리아 산에 사는 주민들과 블레셋인들, 그리고 세겜에 사는 어리석은 자들이 그들이다"[50:25-26] 세겜은 사마리아의 본

거지입니다. 이런 그들이 사랑의 모범이 된 것에 청중들은 분개했을는지 모릅니다.

바로 여기에 주님 비유의 목적이 있습니다. '너희가 이웃을 사랑한다고? 아니야 너희는 사랑이 무엇인지 몰라. 너희가 말하는 사랑은 이기심이고 허위의식일 뿐이야. 오히려 저 사마리아인을 봐, 저게 사랑이야. 편견이나 차별을 깨뜨리지 않는 한 너희는 사랑할 수 없어.'

새로운 비유 해석법, 도전하는 비유

1980년대 이후 역사적 예수 연구 분야에서 주목받는 신약학자 중에 크로산이 있습니다. 그는 비유 해석 책을 쓰기도 했는데 선한 사마리아인의 비유를 이렇게 해석합니다. "이 스토리는 도전적인 비유이다. 듣는 자들로 하여금 그들의 사회적 편견, 문화적 확신, 심지어 그들의 가장 신성한 종교적 전통에 대해서마저도 곰곰히 생각하도록 도전한다."《비유의 위력》 당시 악한으로 취급받던 사마리아인이 오히려 좋은 사람들이고, 선하다고 생각했던 제사장과 레위인이 실은 선하지 않다는 분석입니다. 이를 통해서 사람들의 편견과 차별의식을 깨는 것이 예수님 비유의 목적입니다.

예수님의 비유는 그 형식과 내용에 따라 모범적 비유, 수수께끼 비유, 도전적 비유로 나눌 수 있습니다. 비유는 흔히 모범적 비유로 해석되는데 비유를 통해서 어떤 교훈이나 위로를 주는 데 목적이 있습니다. 수수께끼 비유로는 알레고리 형태의 비유가 대표적입니다. 씨 뿌리는 자의 비유나 알곡과 가라지 비유가 대표적으로 비유가 어떤 비밀을 담고 있는 것처럼 해석합니다.

교회사에서는 세속적 문자에서 영적 비밀을 파헤친다는 명목으로 알레고리 해석이 풍미했습니다. 선한 사마리아인을 예수님으로 해석합니다. 여리고로 내려가는 사람은 아담 또는 인간, 예루살렘은 하늘나라, 여리고는 세상, 강도는 사탄, 포도주는 죄의 용서, 기름은 성령의 위로, 주막은 교회, 두 데나리온은 사랑의 두 계명, 주인은 사도 등, 매우 기발합니다. 그러나 현대 비유 해석은 예수 비유의 파격성을 들며, 예수 비유의 목적이 도전적, 전복적인 데 있음에 주목합니다. 선한 사마리아인의 비유가 대표적입니다. 착하다고 생각했던 유대 교사는 실상 악하고, 나쁘다고 생각했던 사마리아인은 실상 착합니다. 이런 전복을 통해 사람들의 편견을 깹니다.

자신이 만든 허위의식, 민족적, 문화적 차별의식을 가지고는 이웃을 제대로 사랑할 수 없습니다. 유대인들은 사마리아인들을 마귀처럼 취급했습니다. 사마리아 여인들은 어린 시절부터 부정한 피를 흘린다고 생각하여 온 땅이 더러워졌기에 그 땅조차 밟지 않으려 했습니다. 그런 편견으로 어떻게 사랑할 수 있겠습니까? 그 존재를 존중하지 않는다면 어떤 사랑을 행한다 해도 받아들여지지 않습니다. 여기서 기대할 수 있는 최고의 사랑은 아마도 개종 강요일 것입니다. 그것은 사랑이 아닙니다. 서구인들이 아시아나 아프리카 원주민을 대하는 태도가 그러했습니다. 그 문화를 무시하고 짓밟고, 결국 자신의 문화를 이식하고 그 과정에서 자기 이익을 추구하였습니다.

동성애를 대하는 태도도 그렇습니다. 한국교계는 동성애에 대한 혐오가 매우 심합니다. 말로는 그들을 사랑한다고 하면서 차별금지법을 극렬 반대하는 모습에서 성소수자들이 어떻게 교회가 자신을 사랑한다고 믿을 수 있을까요? 교리가 중요하니 차별은 감수하라고? 성적 지향sexual orientation을 스스로 통제 못 하는데 강제로 바꾸라고? 보수 크리스천들의 눈에는 성소수자들은 마치 음란 마귀에 씐 존재처럼 보입니다. 아닙니다. 성소수자들을 만나 보면 그들이 얼마나 순수하며, 마음이 여리며, 예민하고 예술적인가를 알 수 있습니다. 이 편견과 차별의식을 깨지 않는다면 성소수자를 사랑할 수 없고, 동성애를 반대하는 교리 또한 제대로 설득할 수 없습니다.

통일 문제도 그렇습니다. 통일과 평화를 주장하면서 북한 정권이나 그 북한 주민을 전쟁에 광분하는 비이성적 집단으로 규정하면 대화하기 어렵습니다. 실제로 예전에 북한 사람들을 거칠고

사나운 사람으로만 여겼다가 막상 그들의 순박하고 선량한 모습을 보고서는 당혹해했던 기억이 있습니다. 이 또한 민족적, 문화적 편견입니다. 이 편견을 깨야, 그리고 상대방의 입장에서 생각할 줄 알아야 진정한 사랑도, 대화도, 평화도 가능합니다. '그 말을 한 번 들어봐. 그 사람 입장을 생각해 봐.' 해법은 간단한데 폭력으로 상대방을 굴복시키려만 하니 갈등이 해결되지 않습니다.

타 종교인을 바라보는 태도도 그렇습니다. 이슬람인들이나 터번을 둘러쓴 중동인을 보면 일단 경계를 합니다. 모두가 다 탈레반과 같이 폭력적이고 테러리스트인 것처럼 오해합니다. 그런데 실상 잔악한 폭력을 행사했던 것은 중세의 십자군들이었고, 서구의 제국주의 세력들이었습니다. 기독교 근본주의가 탈레반보다 더 위험합니다. 편협한데다가 힘 또한 가지고 있기 때문입니다. 자신이 기독교 진영에 있으니 자기 악은 작게 보이고 상대의 악은 크게 보입니다.

나쁜 유대인?

예수님의 비유는 이처럼 선하다고 생각하는 자가 선하지 않음을 보여줍니다. 율법의 대표주자이며, 그래서 가장 바르고 모범적 존재라 생각했던 제사장과 레위인이 실패했습니다. 나쁜 유대인은 없다고 그들은 생각했는데 그렇지 않습니다. 이들의 실패는 매우 심각해 보입니다. 31, 32, 33절 말씀에서 반복되는 행위가 있습니다. 제사장은 "보고 피하여 지나갔다." 레위인도 "보고 피하여 지나갔다." 그런데 사마리아인은 "보고 불쌍히 여겼다."라고 합니다. 헬라어 '이돈' 곧 '보았다'는 분사형을 반복합니다. 불쌍한 자를 보았다면 인간이라면 연민이 일어나기 마련입니다. 직접 보면 달라집니다.

『맹자』의 '측은지심'惻隱之心의 교훈이 여기에 적절합니다. 제선왕이 당상에 앉아 있었는데 어떤 사람이 제사에 바칠 소를 끌고 가고 있었습니다. 소가 두려워 바들바들 떠는 모습이 제선왕의 눈에 보였습니다. 그래서 제선왕은 신하에게 그 소는 살려주고 대신 양을 바치라고 명하였습니다. 이 일을 두고 사람들은 왕이 비싼 소는 살리고 싼 양을 바쳤다며 비난했습니다. 그렇지만 맹자는 제선왕의 행동을 오히려 칭찬하며 이것이 인의 실천이라고 하였습니다.

"소는 보았지만 양은 보지 못했기 때문입니다. 군자는 금수가 살아 있는 것을 보면 그 죽어가는 것을 차마 보지 못하며 그 소리를 듣고는 차마 그 고기를 먹지 못합니다. 그래서 군자는 주방을 멀리하는 것입니다." 이것이 측은지심입니다. 제선왕은 소의 불쌍한 모습을 보자 측은한 마음이 솟았던 것입니다. 보았기에 일어난 일입니다.

그런데 제사장이나 레위인은 보고도 측은지심이 일어나지 않앴습니다. 이를 양심이 화인 맞았다고 말합니다. 불로 달군 인두로 지져서 나중에는 무디어진 양심을 말합니다. 죽어가는 자를 보며 왜 이들에게는 불쌍히 여기는 마음이 일어나지 않았을까요? 실은 이들은 제대로 본 것이 아니었습니다.

바빠서 그랬을까요? 제사 일을, 여리고에서 성경공부를 인도해야 하기에 바빴던 것일까요? 바쁘면 보이지 않습니다. 일을 당장 멈추십시오. 지금 눈앞에 있는 사람이 가장 중요한 사람입니다. 바로 지금 상대하는 일이 가장 중요한 일이고, 가장 중요한 시간입니다.

교리나 편견이 사람을 제대로 보지 못하게 만들었을 가능성이 있습니다. 이 사람은 죽어 마땅하다. 아니면 죽어가는 자를 만져 율법에서 금하는 것처럼 내 손을 더럽게 해서는 안 된다고 생각했을 수도 있습니다. 사상이나 교리가 우리 눈을 가리면 마치 귀신에 씐 것처럼 세상을 제대로 보지 못합니다. 유태인을 아우슈비츠 가스실로 보냈던 '예루살렘의 아이히만'은 인자한 이웃집 아저씨요, 평범한 공무원이었습니다. 국가의 명령대로 따랐을 뿐이라는 그 무분별한 복종이 사람을 제대로 보지 못하게 했고, 그 결과 인류 최악의 잔혹함을 낳았습니다.

바리새인들은 가난하고 신실한 종교인이었습니다. 그런데 그들이 예수님을 죽였습니다. 교리가 사람을 제대로 보지 못하게 만들었던 것입니다. 우리 시대에는 정의의 보루라는 포장과 허위의식에 싸여 자신들이 무슨 악을 벌이고 있는지 분간 못 하는 판사나 검사나 언론이나 사이비 지식인들이 바로 그들입니다. 친절하고 사랑과 은혜의 말로 가득한, 강남 대형교회에 다니는 한 집사님은 매우 착하고 경건해 보이는데, 사회적, 정치적 행동에서는 매우 무지하고, 정파적이고, 이기적입니다. 자기를 포장하고 있기에 자기의 악이나 자기 실상이 보이지 않습니다. 그러면 제대로 된 사랑이나 정의를 행할 수 없습니다.

아니면 두려워서입니까? 여전히 강도들이 주변에 있어서 위험하거나, 강도들이 싫어하는 행동을 해서 해코지를 당할까 두려워서였을까요? 사랑은 위험을 각오해야 합니다. 두려우면 보이지 않습니다. 제대로 그 눈을 보아야 우리는 사랑을 행할 수 있습니다. 눈을 마주치고서는 외면할 수 없습니다.

03
보잘것없는 하나님 나라 주인공들

겨자씨와 누룩 비유 [마태 13:31-33]
천국은 마치 사람이 자기 밭에 갖다 심은 겨자씨 한 알 같으니, 이는 모든 씨보다 작은 것이로되 자란 후에는 풀보다 커서 나무가 되매 공중의 새들이 와서 그 가지에 깃들이느니라. 천국은 마치 여자가 가루 서 말 속에 갖다 넣어 전부 부풀게 한 누룩과 같으니라.

겨자가 주인공? 백향목이 아니고?

미국에 〈예수 세미나〉라는 성서학자들 모임이 있습니다. 이들은 미국 신학대학의 유수한 학자들인데 역사적 예수 연구를 바탕으로 복음서에서 진정성 있는 예수님 말씀을 가려내는 작업을 했습니다. 이 과정에서 역사적 예수님의 말씀이 확실하면 빨간색을, 확실치 않으면 검은색을, 중간 신뢰도는 핑크색과 회색을 부여하였습니다. 본문의 겨자씨와 누룩의 비유는 아주 진한 빨간색이 부여된, 예수 운동의 성격과 지혜를 잘 반영하는 대표적 비유입니다.

이 비유도 통상적 해석과는 다른 이상한 점이 있습니다. 겨자씨와 누룩의 비유는 흔히 성장의 비유로 해석합니다. 매우 작은 겨자씨와 큰 나무 사이의 대조입니다. 가장 작은 것에서 큰 것으로의 성장입니다. 예수님의 하나님 나라 운동이 지금 매우 이렇게 작고 미미하지만, 나중에는 큰 나무를 이루어 세상 민족을 포용할 권세의 왕국을 이룰 것이라는 비유입니다. 이는 제자들이나 교회를 향한 위로입니다. 지금 작다고 실망하지 말라는 말씀입니다. 누룩 비유도 마찬가지입니다. 보이지 않는 적은 것이 가루 서 말이라는 많은 양의 밀가루를 부풀게 하고 변화시킵니다. 하나님 나라는 보이지 않고 작지만 그런 영향력이 있습니다.

그런데 왜 하필 겨자씨이고 누룩입니까? 겨자씨는 물론 작습니다. 그런데 겨자는 나무라기보다는 풀에 가깝습니다. 겨자는 1년생의 잡초에 속합니다. 갈릴리 호수 주변에서 겨자는 2.5-3m 크기까지 자랄 수 있다고 《예수의 비유》에서 예레미아스는 전합니다. 그렇지만 마태 본문처럼 나무는 아닙니다. 이 사실을 잘 알기에 마가 본문은 "심긴 후에는 자라서 모든 풀보다 커지며 큰 가지를 내나니"막 4:32라 하여 나무란 표현을 사용하지 않습니다.

하나님 나라를 비유하기에 적합한 것은 백향목입니다. 에스

겔서 말씀입니다. "내가 백향목 꼭대기에서 높은 가지를 꺾어다가 심으리라… 이스라엘 높은 산에 심으리니 그 가지가 무성하고 열매를 맺어서 아름다운 백향목이 될 것이요 각종 새가 그 아래에 깃들이며 그 가지 그늘에 살리라"겔 17:22-23 예수님도 분명 하나님 나라가 백향목에 비유된다는 것을 알고 계셨습니다. 하늘나라에 대한 비유가 목적이었다면 겨자씨보다는 이 백향목으로 비유했어야 설득력 있습니다. 백향목 씨도 매우 작습니다. 1-2mm에 불과한 겨자씨에는 비할 바는 아니지만 백향목 씨앗도 1cm를 넘지 않습니다. 그러나 커서 자라면 수십m에 이르는 거목이 됩니다. 이런 나무라야 새가 깃들인다는 표현을 사용할 수 있습니다. 풀에 불과한 겨자에게 큰 가지란 말은 적당치 않습니다. 깃들인다는 표현보다는 스쳐 지나가거나, 쪼아먹는다는 표현이 더 나을 것입니다.

그런데도 불구하고 예수님이 백향목 씨앗이 아닌 겨자씨를 비유의 소재로 들었다면 겨자씨 자체에 예수님이 의도하는 바가 담겼다고 볼 수 있습니다. 겨자씨는 매우 작고 미미합니다. 겨자는 그 자체로 품위 있거나 존귀한 작물이 아닙니다. 고대 로마의 플리니우스G. Plinius S.의 《박물지》에 나온 '겨자'에 대한 설명입니다. "이것은 이식되어 개량되기는 하였지만 거의 야생에서 자란다. 일단 심기면 그 자리에서 겨자를 제거한다는 것은 거의 불가능한 일이다. 그 씨는 떨어지면 즉시 싹이 튼다." 이 설명이 맞으면 겨자는 잡초에 불과합니다. 잡초는 생명력이 강하지만 환영받는 식물이 아닙니다. 더구나 레위기 율법에서는 밭이나 정원에 씨를 섞어서 뿌리는 혼종 교배를 금지합니다. 겨자씨도 그 대상이기에 씨를 뿌릴 때 이 겨자가 섞이지 않도록 주의해야 원하는 곡식을 얻을 수 있습니다. 그런데 보면 겨자와 같은 잡초들은 어느새 날아들었는지 모르게 자리를 잡습니다.

보잘것없는 자들

겨자씨는 다름 아닌 예수님을 따르던 제자들이나, 예수 운동에 함께했던 민중들을 상징합니다. 지금 예수님 앞에서 이 비유를 듣고 있는 자들입니다. 제자들은 유력하지 않은 갈릴리의 어부요, 농부들이었습니다. 유대 엘리트들은 예수님이 세리와 죄인들과 어울린다고 비난하였습니다. "보라 먹기를 탐하고 포도주를 즐기는 사람이요 세리와 죄인의 친구로다"마 11:19 예수 운동의 실상을 잘 보여주는 표현입니다. 이스라엘이 혐오하는 민족 반역자 세리나 부정한 죄인들이 예수님과 함께하는 무리 가운데 있습니다. 예수님과 함께 이들은 대낮부터 술에 취해 있고, 공부나 생산적인 일보다는 먹기를 탐합니다.

사실 농부들은 일할 만큼 일했습니다. 더 일하라고요? 그들에게는 축제와 쉼이 필요합니다. 예수님은 어떤 유력한 학파를 구성하지 않았습니다. 열두 제자 중에서 도대체 변변한 인물들이 어디 있습니까? 베드로? 요한? 유다가 제일 똑똑했던 것 같은데 이 제자는 예수님을 배신한 비열한 자였습니다. 정말 보잘것없는 자들의 운동이었습니다. 술에 취한 예수님이 제자들과 무리들 앞에서 "이스라엘이 고대하던 하나님 나라? 웃기지 마라. 겨자씨와 같은 너희가 바로 '하나님 나라'다."라고 선포합니다.

그런데 정말 예수님의 말씀처럼 되었습니다. 겨자가 나무가 되었습니다. 베드로는 로마 가톨릭의 수장이 되었습니다. 요한은 요한 공동체의 창시자가 되었고 위대한 복음서를 남겼습니다. 열두 사도와 그의 제자들은 교회사에서 큰 족적들을 남겼고, 성인의 반열에 올랐습니다.

초대교회는 이런 겨자씨와 같은 무명한 자들에 의해 시작되었습니다. 바울은 고린도 교인들을 향하여 노골적으로 이렇게 말합니다. "형제들아 너희를 부르심을 보라. 육체를 따라 지혜로운 자가 많지 아니하며, 능한 자가 많지 아니하며, 문벌 좋은 자가 많지 아니하도다. 하나님께서 세상의 미련한 것들을... 세상의 약한 것들을... 세상의 천한 것들과 멸시 받는 것들과 없는 것들을 택하사"고전 1:26-28 초대교회의 성도들이 바로 겨자씨들입니다. 하나님 나라 운동이 바로 여기서 시작되고 있습니다.

고린도 교인들은 신분도 변변찮은데 인간성마저 좋지 않았습니다. 서로 분열하고, 시기하고, 자랑질하고, 음란하기조차 했습니다. 그런데 바로 이런 그들이 하나님 나라의 주인공들입니다. 그러니 이를 보는 바울의 눈이 다릅니다. 고린도 교회를 향한 첫 인사가 무엇입니까? "고린도에 있는 하나님의 교회 곧 그리스도 예수 안에서 거룩하여지고 성도라 부르심을 받은 자들"고전 1:2 성도, 곧 성자saints라 부릅니다. 하나님의 백성들이라, 더 나아가 하나님의 성전이라, 하나님의 자녀라 부릅니다.

이는 또한 민중의 시대를 예견하는 말씀이기도 합니다. 잡초와 같은 민중들이 주인될 세상을 예수님은 그리고 있습니다. 민중은 작지만 수가 많습니다. 1대 99 사회는 많은 부를 가진 엘리트가 '하나'라면, 가진 것 없는 볼품없는 자들이 '99'로 압도적으로 많다는 뜻입니다. 세상의 역사는 이런 작은 자 한 사람 한 사람이 권력의 주체가 되는, 곧 민주주의를 향하여 달려왔습니다. 완전한 민주주의 사회가 하나님 나라에 가장 근접한 모델입니다. 소수의 권력자가 아닌 국민이, 소수의 중심이 아닌 다수의 주변인들이 바로 역사의 주체입니다.

부정당한 자들

누룩의 비유도 마찬가지입니다. 누룩도 보이지 않는 미미한 것과 가루 서 말이라는 매우 큰 것 간의 대조입니다. 미미한 것이 세상을 부풀게 한다는 말씀으로 이 또한 제자들을 위로하는 말씀입니다. 그런데 여기에서도 하필 왜 누룩이냐는 의문이 듭니다. 누룩은 이스라엘 사회에서 긍정적 이미지가 아닙니다. 누룩은 빵 맛을 내는 좋은 것이기는 하지만, 기본적으로 음침한 데서 음식을 부패시키기에 부정적 이미지입니다. 출애굽 할 때나 유월절 행사에서는 무교병이라는 발효되지 않는 빵을 먹어야 하기에, 그 전날에 집안을 청소해서 누룩을 없애야 합니다. 고대사회에서 누룩은 부패의 상징입니다. 예수님도 '바리새인과 사두개인의 누룩'이나, '헤롯의 누룩'을 조심하라고 말씀하신 바 있습니다.

또한 누룩으로 빵을 부풀게 하는 주체는 여자입니다. 가부장제 사회에서 여자가 비유의 주인공으로 등장하는 경우는 많지 않습니다. 등장해도 빵을 만들거나, 사소한 물건을 찾기 위해 방을 청소하거나, 결혼식 들러리를 서는 사소한 존재일 뿐입니다. 여자들은 생리라는 정결법과 관련한 문제가 있기에 종교적 부정함이나 불결함과 관련됩니다. 이런 여자가 누룩을 가루 서 말에 "갖다 넣었다"[33절]라고 표현합니다. 갖다 넣었다는 헬라어로 '크립토'인데 매우 은밀하고 깊숙이 감추는 행동을 뜻하는 단어입니다. 누룩, 여자, 감추다 등의 표현은 부정적이고 불결합니다.

반면에 가루 서 말은 하나님 나라를 상징하는 단어입니다. 가루 서 말은 100명분의 빵으로 많은 양입니다. 이는 창세기에서 아브라함의 집을 방문했던 천사들에게 대접한 빵을 연상시킵니다.

"아브라함이 급히 장막으로 가서 사라에게 이르되 속히 고운 가루 세 스아를 가져다가 반죽하여 떡을 만들라 하고"창 18:6 기드온과 한나도 서 말에 해당하는 한 에바로 빵을 만들어 하나님의 사자에게, 또 실로에서 감사예물로 드렸습니다.삿 6:19, 삼상 1:24

예수님의 비유는 마치 가루 서 말이라는 하나님 나라, 또는 거룩한 이스라엘 공동체에 누룩이라는 부정한 것이 침투하여 온통 부풀게 한 사태를 빗대는 것 같습니다. 누룩은 예수 운동을 상징합니다. 예수님과 함께하던 제자들과 무리들이 바로 누룩입니다. 혈루증 앓는 여인, 자녀를 잃은 과부, 몸을 팔던 여인, 나병과 귀신 들려 소외된 자들입니다. 예수님은 이들을 "상한 갈대와 꺼져가는 심지"라, "병든 자와 죄인"이라 불렀습니다.

이들은 거룩한 유대공동체에 들어갈 수 없었는데 주님은 이들이 주인공이라 말씀합니다. 바리새인과는 달리 성전에도 제대로 들어가지 못하고 멀찍이 서서 가슴만 치는 부정한 세리가 바로 하나님 나라의 주인공이라 말씀합니다. 더 나아가서는 더러운 민족으로 부정당한 사마리아인이, 율법이 없어 근본적으로 죄인인 이방인들이 하나님 나라의 주체라 선언합니다. 사도 바울의 칭의론 justification은 누룩과 같은 부정한 이방인들이 예수 안에서 의롭게 되고, 하나님의 백성이 되었다는 선언입니다. 누룩을 껴안는 사랑이 칭의론이라는 위대한 신학을 낳았던 것입니다.

누룩은 사소하고 불결하지만, 밀가루를 발효시키는 힘이 있습니다. 밀가루는 밋밋하고 맛이 없지만 누룩이 들어가 부풀게 하면 구수한 빵 맛을 내고 소화도 잘됩니다. 역사를 변혁하는 힘은 이처럼 변방과 부정당한 자들에 의해서 이루어집니다. 주류와 안정된 곳은 도무지 변화하려 하지 않습니다. 편하기 때문입니다. 그들은 그 상태가 지속되길 원합니다. 그러나 변화하지 않으면 위기는 삽시간에 닥치고 순식간에 무너지고 맙니다.

그러나 부정당한 자들은 불편하기에 이를 끊임없이 바꾸려고 합니다. 원초적이며 창조적 힘은 바로 부정한 누룩에 있습니다. 예수님은 이 힘을 보았습니다. 지금 고난받고 있는 자들이 누구입니까? 고난의 현장이 어디입니까? 갈릴리가 어디이고, 주변부가 어디입니까? 역사의 미래는 그곳에 있습니다. 부정당했다고, 불결하다고 가슴만 치지 마십시오. 아픈 만큼 내 안에서 자라고 있는 것이 있습니다. 당한 만큼 얻는 것도 있습니다. 빼앗긴 만큼 새로운 어떤 것이 그 자리를 채우고 있습니다.

04
밭에 감추인 보화의 도덕성

보물과 진주 비유 [마태 13:44-46]
천국은 마치 밭에 감추인 보화와 같으니, 사람이 이를 발견한 후 숨겨 두고 기뻐하며 돌아가서 자기의 소유를 다 팔아 그 밭을 사느니라... 천국은 마치 좋은 진주를 구하는 장사와 같으니, 극히 값진 진주 하나를 발견하매 가서 자기의 소유를 다 팔아 그 진주를 사느니라

보물의 도덕성

밭에 감추인 보물 비유는 교회에서 사랑받는 비유 중 하나입니다. 고단한 노동 현장인 인생의 밭에서 보화를 발견했습니다. 보화는 바로 예수 그리스도입니다. 보화는 천국이기도 합니다. 농부는 자기 전 소유를 팔아서 이 밭을 샀습니다. 천국은 이렇게 투자할 만한 가치가 있습니다. 하나님 나라를 위해 전심전력하라는 것

이 이 비유의 교훈입니다.

그런데 이 비유에는 약간의 문제가 있습니다. 보화를 감춘 땅을 산 것은 도덕적으로 문제가 없습니까? 보화가 있는지 모르고 땅을 판 주인은 억울하지 않겠습니까? 혹시 이 보물의 주인이 따로 있는 것은 아닙니까? 현대 사회에서는 문제가 됩니다. 요 근래에 어느 밭에서 수십 억 상당의 현금다발이 발견되었다는 소식이 있었습니다. 가끔은 누가 흘린 돈다발이 거리에 떨어져 있기도 합니다. 예전에 신안 앞바다에서 고려시대 청자를 싣고 침몰한 보물선이 큰 화제가 되기도 했습니다. 내가 발견했으니 그냥 가져가면 됩니까? 안 됩니다. 이는 절도죄에 해당합니다. 발견한 보물은 신고해야 하고, 주인이 나타나지 않으면 절반만 자기 소유가 된다고 합니다.

자기 밭도 아니고, 남의 밭에서 발견한 보물을 주인에게 숨긴 채 그 밭을 샀으므로 도덕적 문제가 발생합니다. 이 비유를 분석했던 역사적 예수 연구자 크로산은 보물이 발견자의 소유이면 땅을 살 필요가 없고, 보물이 발견자의 소유물이 아니라면 땅을 사는 것은 불의하다라고 분석하며, "사회적으로, 도덕적으로도 용납될 수 없는 행동. 충격적인 하나님 나라의 이미지."《역사적 예수》라고 비평합니다.

예수님은 도대체 왜 이런 식의 비유를 말씀하신 것입니까? 예수님이 이 사실을 잘 알면서도 굳이 이렇게 말씀하셨다면 바로 여기에 비유의 핵심이 담겨 있습니다. 예수님 비유의 파격성을 이해하기 위해서는 유대 사회의 일반적 분위기를 이해하는 것이 필요합니다. 예수님처럼 많은 비유를 말씀하신 랍비는 이제까지 없었습니다. 유대 사회에서는 예수님의 비유와는 약간 결이 다른 '악가다'aggadah 방식의 비유가 발달하였습니다. 성경의 난제를 이야기식의 교훈이나 비유로 풀이하는 방식입니다. 이것을 모은 것이 미드라쉬요, 탈무드입니다. 그들 또한 보물과 관련된 이야기를 즐겨 했습니다.

탈무드 바바 메치아j Bava Mezia 2.5에 실린 카시아Cassia 왕 이야기입니다. 폐허 더미에서 발견한 보물 때문에 카시아 왕 앞에서 재판이 붙었습니다. 그 더미를 산 사람은 "나는 폐허가 된 곳을 산 것이지 그 안의 보물까지 산 것은 아니다."라며 그 보물은 자기 것이 아니라고 하였습니다. 그곳을 판 사람은 "나는 쓰레기뿐만 아니라 그 속에 있는 것까지 팔았다."라고 하며 그 보물은 자기 소유가 아니라 하였습니다. 카시아 왕은 현명한 판결을 내렸는데 두 집안에 아들과 딸이 있는 것을 알고는 결혼시켜서 그 보물을 그들의 소유가 되게 하였습니다. 이 우화는 땅에 묻힌 보물을 취득하는 것이 정당한 행동이 아님을 전제로 하면서 이야기가 진행됩니다.

이번에는 탈무드에 실린 아바 예후다Abba Jehudah의 이야기j Horayot 3.4입니다. 아바 예후다는 자기 재산을 털어서 랍비들을 돌보았습니다. 돈이 모자라자 자신의 밭 절반을 팔아서 공양했습니다. 하나님은 이처럼 선한 예후다를 축복하셨습니다. 나머지 절반의 밭을 가는 동안 그의 암소가 넘어져 발이 부러지고 말았습니다. 암소를 일으켜 세우려다 예후다는 거기에서 보화를 발견했습니다. 그는 '암소 다리는 나의 유익을 위해서 부러졌구나.' 하며 찬양했습니다. 예후다는 이전처럼 다시 부자가 되었습니다. 보물은 아바 예후다의 의로운 행위에 대한 보상으로 주어졌고, 보물이 발견된 곳은 자기 땅이기에 도덕적 하자 또한 없습니다. 일반적 유대 방식으로는 예수님의 비유가 잘 이해되지 않습니다. 예수님은 도덕적으로 깔끔한 유대식 비유를 사용하지 않았습니다.

야곱의 거짓말, 다말의 비윤리성

예수님의 이 비유는 복음서에서는 마태복음에만 실려 있습니다. 그런데 이와 유사한 비유가 〈도마복음〉에도 있습니다. 도마복음은 교회 전통에서 영지주의 계열이라 하여 배격되었지만, 역사적 예수님의 말씀들을 많이 담고 있습니다. 예레미아스나 현대의 예수 비유 연구가들도 도마복음서의 비유들을 함께 비교할 정도로 위경 중에서는 나름 권위가 있습니다.

〈도마복음〉 109번에 실린 밭에 감추인 보화의 변형된 형태입니다. "예수께서 말씀하시느니라. '그 나라는 마치 밭에 감추어진 보물을 갖고 있으나 이를 모르는 한 사람과 같도다. 그가 죽으매 그의 아들에게 그것을 물려주었으나 역시 아들도 이에 대해 모른지라. 그가 그 밭을 인계하여 그것을 팔았느니라. 그 밭을 산 자는 쟁기질하러 가서 그 보물을 발견하여 원하는 누구에게든 이자를 쳐서 돈을 빌려주기 시작하였느니라.'"

여기서는 자기 밭에 보물이 있음에도 불구하고 알지 못하여 누리지 못하는 어리석은 자와, 그 보물을 발견하고 그 가치를 누리는 자가 대비되었습니다. 진리는 자기 인생이라는 밭에 감추어져 있습니다. 그러나 이 보화가 있다는 사실을 모르면 아무 소용이 없습니다. 마태복음이 자기 소유를 다 팔아 보물이 숨겨진 밭을 사라는 교훈에 초점이 있는 반면에, 도마복음은 깨달음의 중요성에 강조점이 있습니다.

저는 둘 다 예수님이 비유를 사용하셨던 방식이라 생각합니다. 예수님은 어느 때는 이렇게, 또 어느 때는 다르게 비유를 적용하셨습니다. 일관되게 하나의 비유를 사용해야 한다고 강요하는 것은 학자들의 희망사항일 뿐입니다. 오히려 이런 예수님의 태도가 더 민중적이고, 더 현실적인 태도입니다.

이 두 비유의 문제는 여전히 보물이 감춰진 밭을 소유했던 원주인의 이해에 대해서는 개의치 않는다는 점입니다. 보물을 발견한 자가 임자입니다. 그 사실을 숨기고 밭을 사는 것에 별 문제의식을 느끼지 않습니다. 사실 이것이 민중들의 일반적 정서입니다. 여러분도 그렇지 않나요? 갑자기 보물을 발견했는데 그 보물 임자가 확실하지 않다면 자기 것이라 생각하지 않겠습니까? 지금 밭 주인은 거기에 보물이 있는지도 몰라요. 안다면 팔았겠습니까? 실제 보물 주인도 죽었을 가능성이 있습니다. 은행제도가 발달하지 않았던 고대사회에서는 보물을 땅에 숨겨 두는 경우가 많았습니다. 그러다 전쟁이나 질병 등에 의해서 사고를 당하면 임자 없는 보물이 됩니다. 조금은 켕기지만, 농부의 행위는 결정적인 도덕적 하자는 아닙니다.

완벽한 도덕성을 요구하는 것은 엘리트적 지식인이나 자기애가 강한 윤리주의자들의 태도일 뿐입니다. 하나님은 심각한 도덕적 문제가 아니면 개의치 않는 분입니다. 예수님에게서 그 모습이 잘 나타납니다. 예수님은 유대인들이 그렇게나 중요하게 생각했던 안식일이나 정결법이나 간음죄에 대해서 크게 신경쓰지 않으셨습니다.

이런 모습은 구약 성경에서도 자주 볼 수 있습니다. 야곱이 눈이 잘 보이지 않는 아버지 이삭을 속여서 장자의 축복을 받는 장면을 보십시오. 야곱과 리브가는 형 이삭인 것처럼 아버지를 속였습니다. 이 때문에 에서는 장자의 축복을 잃었고, 이삭은 기망을 당하였습니다. 그러나 이삭은 "네 아우가 와서 속여 네 복을 빼앗았

도다"창 27:35라고 에서에게 말할 뿐, 야곱에게 준 축복을 무효화 하지 않았습니다. 하나님의 뜻이라 받아들인 것입니다. 사실 장자권은 에서에게 당연히 주어지는 특권이 아니었습니다. 당연하다고 생각하니 에서는 이를 소홀히 여겼습니다. 장자권이라는 보물을 얻기 위한 싸움에서, 약자인 야곱의 거짓말에 대해 하나님은 눈감아 주셨습니다.

유다를 속이고 창녀처럼 가장하여 유다와 동침하여 베레스와 세라를 낳은 며느리 다말을 향해 유다는 "그는 나보다 옳도다체다카"창 38:26라고 말합니다. 가문을 이을 자녀라는 보물을 얻기 위해 다말은 약간의 도덕성 결여를 감수했습니다. 여리고의 기생 라합은 두 정탐꾼을 보호하기 위해 여리고 왕의 부하들을 속입니다. 룻과 나오미는 보아스를 남편으로 맞기 위해 야밤에 보아스의 잠자리에 벌거벗은 몸으로 파고드는 음모를 꾸몄습니다.

하나님은 생존을 위해서 했거나, 또 그것이 다른 사람들에게 크게 피해가 가지 않는다면 작은 악은 용납하십니다. 그러니 작은 거짓말을 했다고 해서, 도덕적으로 완벽하지 않다고 하여 양심의 가책을 느끼거나 두려워하지 마십시오. 낙담하지 마십시오. 주님은 대수롭지 않게 여기고 기억도 하지 않습니다. 생존을 위한 우리 삶의 투쟁이 소중하고 하나님도 이를 인정해주십니다.

도덕성 프레임의 극복

문제는 인간들입니다. 소위 지식인들, 또는 권력자들입니다. 이들은 시시콜콜히 따지며 도덕성을 문제 삼습니다. 조그만 흠결을 잡아내고는 예수 운동 전체를 폄훼합니다. 그들은 작은 악은 따지면서 실제 큰 악은 간과하는 자들입니다. 예수님은 이런 자들을 향하여 다음과 같이 비판합니다. "화 있을진저 외식하는 서기관들과 바리새인들이여 너희가 박하와 회향과 근채의 십일조는 드리되 율법의 더 중한 바 정의와 긍휼과 믿음은 버렸도다"마 23:23 안식일과 정결법은 조목조목 지키라고 강요하면서 이웃에 대한 사랑이나 정의, 생명에 대한 사랑, 하나님에 대한 사랑을 외면하는 자들입니다. 실상 자신의 큰 악을 감추기 위해, 작은 악을 들먹거리고 있다 할 것입니다.

이런 일은 현대 사회에서도 일어납니다. 작은 명예훼손죄나 폭력을 문제 삼으며 자신들이 행하는 더 큰 악인 세습이나 불법을 무마합니다. 표창장이나 출결이라는 작은 흠결을 탓하면서도 법을 빙자해 자신들이 행하는 불의와 인격 살해에 대해서는 묵과합니다. 단돈 500원을 횡령죄로 정죄하면서, 자신의 손으로 행하는 무정함의 죄와 월권이라는 큰 악은 눈감습니다. 진보는 깨끗하고 사치도 해서는 안 된다고 몰아세우면서, 자신들의 탐욕과 불법은 적당히 얼버무립니다.

이것은 인간의 판단이고, 무언가 정치적 목적을 가진 도덕적 프레임 걸기입니다. 여기에 휘둘리지 마십시오. 하나님은 그렇게 보지 않습니다. 자기 인생이나 삶을 좀 관대하게 볼 수 있기를 바랍니다. 하나님은 여러분이 도덕적으로 완벽한 사람이 되기를 원하는 것이 아닙니다. 다른 사람에게 피해를 주지 않는 사람이면 됩니다. 더 나아가 이웃을 사랑하는 사람, 자기 생명을 사랑하고 풍요롭게 만드는 사람이 되기를 바랍니다. 기독교는 도덕의 종교가 아니라 생활의 종교입니다. 도덕의 근원으로서 신이 존재하는 것이 아니고, 우리 생명의 풍성함을 위해 하나님은 존재합니다. 악을 미워하고 세상을 멀리하라고 말씀하시는 이유는 우리 영혼의 평화를 위해서입니다.

또한 하나님의 역사나 뜻이 순도 100%의 깨끗함으로 실현될 것이라 생각하지 마십시오. 아무리 하나님의 역사라 할지라도 진흙밭에서는 흙이 묻기 마련입니다. 역사와 인생의 더러운 먼지나 인생의 추악한 욕심이나 미련함이 어우러져 하나님의 뜻이 드러나고 실현됩니다. 위대한 십자가 사건도 깨끗한 제사가 아닌, 유다의 탐욕의 손과 권력자들의 음모가 뒤섞인 골고다 언덕에서 피어났습니다.

그러니 지푸라기와 같은 지저분한 모습으로 인해 실망하지 마십시오. 우리는 광산에 금을 캐러 온 사람입니다. 돌덩어리가 많은 것은 당연합니다. 우리는 꽃을 보면 기뻐하는 사람이지, 거기에 묻은 흙이나 불순함 때문에 꽃을 버리지는 않습니다.

우리 인생의 밭에 보물이 있습니다. 큰 도덕적 결함이 아니라면 최선을 다해 자기 것으로 만드십시오. 욕심을 내십시오. 전심전력하십시오. 생명을 얻기 위한 과정에서 범한 사소한 잘못에 대해 심하게 자책하지 마십시오. 생명이 더 소중합니다. 잘못된 것은 나중에 바로 잡으면 됩니다.

이 과정에서 얻어야 할 가장 큰 보물은 예수 그리스도입니다. "모든 풍성함과 하나님의 비밀인 그리스도를 깨닫게 하려 함이니 그 안에는 지혜와 지식의 모든 보화가 감추어져 있느니라"골 2:2-3 우리는 그 보물을 다 발견하지 못했습니다. 그리스도라는 보물의 표피만 긁으면서 마치 모든 것을 다 얻은 것처럼 부자 행세를 하고 있는 것은 아닙니까?

장사꾼이 주인공이 된 비유

밭에 감추인 보화 비유와 함께 이어지는 진주 비유는 쌍비유라 부릅니다. 같은 주제를 다른 형태로 반복하여 교육적 효과를 높이는 방식입니다. 밭에 감추인 보화는 우연히 하나님 나라라는 보물을 발견한 반면에, 진주 비유의 상인은 적극적으로 노력하다 값진 진주를 만나게 되었습니다. 마태는 이 두 비유에서 소중한 것을 얻기 위해 소유한 모든 것을 다 파는 적극적인 헌신이 필요함을 교훈합니다.

무엇보다 예수님의 비유에 장사꾼이 주인공으로 등장하는 것이 놀랍습니다. 예수님은 갈릴리 농촌에서만 활동하신 것 같은데, 아닙니다. 나사렛에서 불과 6km 떨어진 곳에 세포리스라는 헬라화된 도시가 존재했습니다. 갈릴리는 생각보다 많이 헬라화되었고, 상업이 경제의 중심이 되어가고 있었습니다.

진주와 보물 비유는 정경 중 마태복음에만 등장하는데, 위경 중에는 〈도마복음〉이 이 두 비유를 함께 다루고 있습니다. 〈도마복음〉 76번은 노골적으로 진주 상인의 장사 행위를 서술하고 있습니다. "아버지의 나라는 마치 많은 물건을 갖고 있되 진주 하나를 발견한 장사꾼과 같도다. 그 장사꾼은 현명한지라, 물건을 팔아 자신을 위해 단 한 개의 진주를 샀느니라. 너희도 그리하라. 좀도 먹지 않고 벌레도 해치지 않으며 끊임없이 영존하는 그의 보물을 찾으라." 초기 영지주의적 모습을 보이는 〈도마복음〉은 이 진주를 하나님 나라나 자아에 대한 지식으로 해석했습니다.

하나님 나라라는 매우 소중한 것을 장사 행위나 소작농이라는 어쩌면 비천하고 세속적인 것과 비교한 것이 예수님 비유의 포인트입니다. 값진 보물은 성전이나 성경책 속에만 있지 않습니다. 매우 세속적인 행위 안에 있습니다. 이는 신앙의 세속화가 아니라,

세속의 신앙화입니다. 신자든 비신자든 많은 시간을 세속의 영역에서 보냅니다. 더럽고 부정하다고 피해서는 인생의 대부분을 잃게 됩니다. 그래서 하나님은 세속의 한복판에 보물을 숨겨두셨습니다.

현대 신앙인은 세속 도시의 한복판에서 값진 진주를 찾아 나선 사람들입니다. 우리의 일상사 속에 보물이 감추어져 있습니다. 다이아몬드는 바로 내 안에, 내 농장에, 내가 하는 일에, 우리 가까이에 있습니다.

05

명예를 상실한 탕자의 아버지

돌아온 탕자의 비유 [누가 15:11-32]
"내 아버지에게는 양식이 풍족한 품꾼이 얼마나 많은가! 나는 여기서 주려 죽는구
나." 이에 일어나서 아버지께로 돌아가니라. 아직도 거리가 먼데 아버지가 그를
보고 측은히 여겨 달려가 목을 안고 입을 맞추니... 그가 노하여 들어가고자 하지
아니하거늘 아버지가 나와서 권한대 아버지께 대답하여 이르되 "내가 여러 해 아
버지를 섬겨 명을 어김이 없거늘 내게는 염소 새끼라도 주어 나와 내 벗으로 즐기
게 하신 일이 없더니, 아버지의 살림을 창녀들과 함께 삼켜 버린 이 아들이 돌아오
매 이를 위하여 살진 송아지를 잡으셨나이다."

내러티브의 힘

이전에 제가 썼던 비유 강해서 《뜻밖의 초대》를 출간하며 가
장 많이 참조했던 책은 독일의 헬무트 틸리케Helmut Thielicke의 설교
집들이었습니다. 틸리케는 튀빙겐 대학 조직신학 교수이면서 성
미가엘 교회 목사로 섬기며 매주 설교를 하였습니다. 그의 설교는
4, 50년대 수많은 독일인을 교회로 불러들일 정도로 지적, 성서

적, 현대적 설교였습니다. 누구는 틸리케를 스펄전 이후 최고의 설교자라 평하기도 했습니다. 그의 대표적 설교집 중에 예수의 비유 강해서가 있는데 그 책 제목이 《하나님의 그림책》입니다. 그림은 생생하고 선명합니다. 비유는 하나의 세계를 완벽하게 구축하면서, 우리에게 심오하면서도 다양한 메시지를 던집니다.

바로 내러티브의 힘입니다. 내러티브는 말로 그리는 그림입니다. 인류는 호모 픽투스소설적 인간 또는 호모 내러티쿠스이야기적 인간라 불릴 정도로 '스토리'를 즐깁니다. 호모 사피엔스를 다른 동물보다 탁월하게 만들었던 것이 바로 이 언어와 스토리의 사용이었습니다. 유발 하라리Yuval N. Harari는 세계적 베스트셀러가 된 《사피엔스》에서 '인지혁명'을 말합니다. 속된 말로 '뒷담화' 혁명입니다. 뒷담화 곧 스토리텔링을 통해 친밀한 공동체를 형성합니다. 신화는 고상한 뒷담화에 해당하는데, 이로 인해 거대 공동체의 탄생이 가능하게 되었습니다. 신체적으로 뛰어났던 네안데르탈인은 개인적 영웅으로 도태된 반면에, 호모 사피엔스는 이야기의 힘으로 거대 공동체를 형성해 그 조직된 힘으로 결국 지구를 점령하고 말았습니다.

예수님의 비유는 전형적인 스토리 구조를 가지고 있습니다. 하나의 세계를 그려내며 선명한 메시지를 전달합니다. 그 메시지는 충격적이며 매우 효과적입니다. 그 그림 안에서 주류 가치들은 희화화되고 힘을 잃습니다. 인간의 허위를 드러내는 한편, 참된 삶이 무엇인지 뚜렷하게 대비시킵니다.

'돌아온 탕자의 비유'라 불리는 이 유명한 비유는 죄인이 회개하고 돌아올 때 하나님이 얼마나 기뻐하시는지를 보여주는 선명한 그림입니다. 주제는 분명 기다리는 아버지의 사랑에 있습니다. 그런데 이 비유에서 한 시대의 거대한 가치가 무너져내리고 있음을 우리는 잘 파악하지 못합니다. 새로운 가치가 탄생하는 그 혁명성을 간과합니다. 바로 명예라는 가치의 해체이고, 가족은 무엇으로 구성되는가라는 근본적 질문입니다.

고대 그리스 로마 사회를 이끌어갔던 중요한 가치는 바로 '명예와 수치'의 문화입니다. 명예는 그 사회에서 공적으로 인정되는 긍적적인 가치를 말합니다. 명예는 사회적 영향력이면서 개인적 만족감입니다. 명예를 잃느니 목숨을 잃는 것이 나을 정도로 서구적 삶의 중요한 가치입니다. 서양에서 일어나는 자살은 대부분 자신에 대한 존엄성, 곧 명예의 상실에 그 원인이 있습니다.

실추된 아버지의 명예

탕자의 비유에서 주인공은 탕자가 아니라 그 아버지입니다. 비유의 첫 시작부터 끝까지 모든 대화의 주인공인데, 탕자의 아버지는 크게 세 번에 걸쳐서 가부장의 명예가 실추됩니다. 먼저는 12절입니다. "아버지여 재산우시아 중에서 내게 돌아올 분깃을 내게 주소서 하는지라 아버지가 그 살림비오스을 각각 나눠 주었더니" 유산은 살아 있을 때 주는 것이 아니라, 죽은 이후에 주는 것입니다. 지금 둘째 아들의 요구는 마치 아버지를 산 송장 취급하는 것과 같습니다. 가부장으로서의 아버지의 명예를 현저히 짓밟는 요구입니다. 한글 번역은 그 뜻이 잘 드러나지 않는데 여기 '재산'이란 단어는 헬라어로 '우시아'입니다. 이는 원래 '본질, 존재'라는 뜻입니다. '살림'이라는 단어는 '비오스'인데 여기서 파생된 단어가 '생명'입니다.

지금 탕자의 요구는 아버지 생명의 일부를 갉아먹는 행위와 같습니다. 이 부탁을 들어주어야 할까요? 더구나 둘째 아들은 절제력도 부족한데. 외경 〈집회서〉에서는 부모에게 다음과 같은 경고를 합니다. "너는 아들이건 아내건 형제건 친구건 네가 살아 있는 동안에는 아무에게도 권력을 양도하지 말아라. 너의 재산을 아무에게도 주지 말아라. 나중에 그것이 아쉬워 후회할 것이다… 너는 무슨 일을 하든지 남보다 뛰어나게 하고 네 명예에 오점을 남기지 말아라. 네 수명이 다하여 죽을 때가 오거든 네 재산을 나누어 주어라"33:20-24

재산을 나누어주는 아버지의 결정은 현명하지 못합니다. 자신의 명예에도 엄청난 손상입니다. 그러나 아버지는 자신의 명예보다 아들의 선택을 존중합니다. 옳든지 그르든지 그의 선택은 존중받아야 합니다. 또 억지로 말린다고 하여 될 일도 아닙니다. 이 모습은 마치 창세기에서 하나님의 뜻에 불순종하고 자유를 찾아 나선 아담과 하와의 모습과 유사합니다.

결국 탕자는 염려대로 그 유산을 허랑방탕하게 썼고, 결국은 돼지를 치는 부끄러운 자의 신세로 전락합니다. 이때 즉각적으로 발동되는 것은 가족의 개입입니다. 집안의 명예를 훼손한 자는 방치해서는 안 됩니다. 그러면 자기 집안의 영향력이 상실됩니다. 아버지는 둘째 아들이 집안의 명예를 먹칠하고 있다는 것을 잘 알고 있었습니다. 그러나 억지로 데려오거나 말리지 않습니다. 아들은 성인이고 이제 스스로 판단해야 합니다. 아버지는 지켜볼 뿐입니다. 자녀 앞에서 아버지에게는 더 이상 명예가 중요하지 않습니다.

두 번째 명예 실추는 탕자가 집으로 귀환할 때 일어납니다. 20절입니다. "이에 일어나서 아버지께로 돌아가니라 아직도 거리가 먼데 아버지가 그를 '보고' '측은히 여겨' '달려가' 목을 '안고' '입을 맞추니'" 많은 동사들을 마구 투척하고 있는 이 짧은 문장은 아버지의 마음을 충분히 헤아리게 합니다. 동구 밖에 나타난 아들의 모습이, 멀리서 검은 점 같은 실루엣으로 보이는데 아버지는 즉각 알아보았습니다. 어떻게 된 일입니까? 아버지는 계속 기다렸던 것입니다. 가출한 자녀가 있으면 부모가 문을 조금 열어 놓고 자는 버릇이 생기듯, 이제나저제나 아버지는 아들을 기다렸던 것입니다. 그러니 그 작은 그림자만 보고도 알았던 것입니다.

'측은히 여겼다'의 헬라어 명사 '스프랑크논'은 '창자'를 뜻합니다. 히브리어에서는 '자궁'을 뜻하기도 합니다. 애끓는 마음입니다. 이어진 행동은 중동의 가부장이라면 도무지 하지 않을 모습입니다. '달려가.' 더운 중동에서는 웬만해서는 달리지 않습니다. 뛰려면 좁은 폭의 중동인의 치마를 들어올려야 하는데 이는 자신의 속을 보이는 수치스런 행동입니다. '목을 안고 입을 맞추니'는 매우 반가울 때 취하는 행동입니다. 이는 아버지라기보다는 어머니의 모습입니다. 대부분 남성은 감정을 억제하고 데면데면합니다.

이 장면을 잘 포착한 그림이 바로 렘브란트Rembrandt의 《탕자의 귀환》1668입니다. 그림에서 탕자는 까까머리에 다 해어진 옷을 걸치고, 거지 같은 신발을 한쪽만 신고서 아버지 품에 안겨 있습니다. 아버지는 눈이 멀어 허공을 응시한 채 탕자의 어깨에 두 손을 얹고 있습니다. 그런데 두 손 모양이 다릅니다. 왼손은 거친 남성의 손이고, 오른손은 매끄러운 여성의 손입니다. 탕자의 아버지는 실상 탕자의 어머니라 불려도 무방합니다. 그 모든 행동은 전혀 가부장적이지 않습니다. 고대사회가 이상적으로 그렸던 강하고 엄격한 가부장의 모습이 무너져 내리고 있습니다.

렘브란트, 《탕자의 귀환》, 1668

명예보다는 사랑

아버지의 세 번째 명예 실추는 큰아들 때문에 일어납니다. 형은 아버지가 타락한 동생을 용서할 뿐만 아니라, 다시 아들의 권리를 회복시키고 성대한 잔치를 벌인 것을 도무지 용납할 수 없습니다. 화가 나서 집 안으로 들어가지 않으려는 큰아들 때문에 이번에는 아버지가 직접 큰아들을 찾아 나섭니다. 아버지를 보자 큰아들은 이렇게 말합니다. "내가 여러 해 아버지를 섬겨 명을 어김이 없거늘 내게는 염소 새끼라도 주어 나와 내 벗으로 즐기게 하신 일이 없더니, 아버지의 살림을 창녀들과 함께 삼켜 버린 이 아들이 돌아오매 이를 위하여 살진 송아지를 잡으셨나이다"29-30절

장남이 아버지의 결정에 순복하지 않고 대들고 있습니다. 아버지의 말발이 먹히지 않는 상황, 이를 달리 가부장의 명예가 결정적으로 실추되었다고 말합니다. 아버지는 이제 큰아들을 설득해야 하는 처지가 되었습니다. "얘 너는 항상 나와 함께 있으니 내 것이 다 네 것이로되, 이 네 동생은 죽었다가 살아났으며 내가 잃었다가 얻었기로 우리가 즐거워하고 기뻐하는 것이 마땅하다"31-32절 사실 아버지의 모든 재산은 이미 장남의 것입니다. 이미 많은 것을 주었습니다. 큰아들은 버림받았나요? 비유에서 아버지는 초지일관 장남을 버린 적이 없습니다. 렘브란트의 그림에서는 큰아들이 어둠 속에서 기분 나쁜 듯 내려보고 있지만, 그가 버림받은 것은 아닙니다.

예레미아스는 "큰아들은 하나님의 기쁜 소식을 받아들이지 않는 바리새인들"을 상징한다고 해석했지만, 실제 큰아들은 바리새인들처럼 버림받지 않았습니다. 여기서 또 하나의 역전이 일어나고 있습니다. 이상하게도 구약 성경에서는 둘째가 선택받고 장남이 버림받는 장면이 흔하게 등장합니다. 가인과 아벨, 이스마엘과

이삭, 에서와 야곱, 열 형제와 요셉. 막내인 다윗과 그 형제들이 그렇습니다. 그런데 탕자의 비유에서는 장남은 악, 차남은 선이라는 도식이 깨어지고 있습니다. 순서가 선악을 결정하지 않습니다. 자기 할 따름입니다.

아버지에게는 명예보다 더 소중한 것이 있습니다. 그것은 가족입니다. 종이 큰아들에게 하는 말을 보십시오. "당신의 동생이 돌아왔으매 당신의 아버지가 건강한 그를 다시 맞아들이게 됨으로 인하여 살진 송아지를 잡았나이다"27절 '당신의 동생', '당신의 아버지'라며 한가족임을 분명히 합니다. 반면에 형은 "아버지의 살림을 창녀들과 함께 삼켜 버린 이 아들이 돌아오매"30절라고 하여 아버지의 아들일지언정 자기 동생으로 인정하지 않고 있습니다. 이를 반박하는 아버지의 말입니다. "이 네 동생은 죽었다가 살아났으며"32절 아버지는 '네 동생'이라고 못을 박습니다.

아버지는 명예보다는 가족의 사랑을 소중히 여깁니다. 명예가 내 가족을 보호하지 못합니다. 헛된 권위 의식이나 체면이 아들을 살리지 못합니다. 사방에서 적들이 호시탐탐 노리고 있고, 돌파해야 할 장벽과 난관들이 많은데, 이 위기를 극복하기 위해서는 가족 간 연대와 사랑이 필수적입니다. 현대 사회도 마찬가지입니다. 최후의 보루는 가족입니다. 국가나 어떤 조직이나, 정의나 어떤 이념이 내 가족을 지킬 수 있습니까? 아닙니다. 가족끼리 똘똘 뭉쳐야

이 위기를 이겨낼 수 있습니다.

이와는 달리 우리 사회는 지나친 가족이기주의가 문제입니다. 검사 아들이나 부유층 자녀 문제가 곧잘 불거집니다. 가족의 잘못은 무조건 덮으려고 합니다. 탕자의 비유와는 달리 다시 가족의 명예가 중요하게 취급되어야 하는 시대인지 모르겠습니다. 종합하면 명예와 사랑이 가정을 건강하게 살리는 힘입니다.

하나님의 명예

탕자의 아버지의 모습은 하나님의 사랑에 대한 비유입니다. 하나님은 세상을 살리기 위해 자신의 명예를 포기하신 분입니다. "그는 근본 하나님의 본체시나 하나님과 동등됨을 취할 것으로 여기지 아니하시고 오히려 자기를 비워 종의 형체를 가지사 사람들과 같이 되셨고"빌 2:6-7 예수님은 하나님의 영광을 내려놓으셨습니다. 충만하신 분이 자기를 비웠습니다. 존귀하신 분이 종이 되었습니다.

우주의 왕, 창조주 하나님이라는 영예로는 인간을 살릴 수 없기 때문입니다. 하나님의 명예를 요구하는 순간, 그것은 곧 심판을 의미합니다. 인간에게 굴종을 요구할 수밖에 없습니다. 주님은 명예를 버리고 사랑을 택하셨습니다. 하나님은 심판보다는 오래 참으시는 길로 갔습니다. 그 절정에 십자가의 죽음이 있습니다. 명예를 포기한 하나님의 사랑 덕분에 우리는 생명을 얻었고, 우리의 존귀한 지위가 다시 회복되었습니다.

명예를 포기한 예수님은 그 결과 어떻게 되었습니까? "이러므로 하나님이 그를 지극히 높여 모든 이름 위에 뛰어난 이름을 주사 하늘에 있는 자들과 땅에 있는 자들과 땅 아래에 있는 자들로 모든 무릎을 예수의 이름에 꿇게 하시고 모든 입으로 예수 그리스도를 주라 시인하여"빌 2:9-11 가장 영광스런 이름을 얻게 되었습니다. 더 큰 명예를 얻게 되었습니다. 헛된 명예를 버린 대가는 참된 명예입니다. 오래 참음과 사랑이 우리에게 진정한 명예를 가져다줍니다.

06
약자의 무기, 불의한 청지기의 꾀

불의한 청지기 비유 [누가 16:1-8]
어떤 부자에게 청지기가 있는데 그가 주인의 소유를 낭비한다는 말이 그 주인에게
들린지라. 주인이 그를 불러 이르되 "내가 네게 대하여 들은 이 말이 어찌 됨이냐?
네가 보던 일을 셈하라. 청지기 직무를 계속하지 못하리라."... 주인에게 빚진 자
를 일일이 불러다가 먼저 온 자에게 이르되 "네가 내 주인에게 얼마나 빚졌느냐?"
말하되 "기름 백 말이니이다." 이르되 "여기 네 증서를 가지고 빨리 앉아 오십이
라 쓰라." 하고... 주인이 이 옳지 않은 청지기가 일을 지혜 있게 하였으므로 칭찬
하였으니

삶이 비유다

본문의 비유는 예수님의 비유 중 최고로 난해합니다. 모범으
로 제시된 청지기는 불의하고, 그가 취한 방법은 주인의 재산을 빼
돌리는 방식입니다. 그런데 어찌 된 일인지 주인은 이 청지기를 지
혜롭다고 칭찬하고, 예수님은 이 청지기를 불의의 재물로 충성한
모범으로 추켜세웁니다. 상식적으로 받아들이기 어렵기에 다양한

해석들이 나왔습니다.

해석에 앞서 먼저 주님이 사용하신 이 비유라는 장르가 얼마나 독특했는지 이해하는 것이 필요합니다. 고대에서 비유는 자주 사용되었습니다. 대표적으로 이솝의 우화를 들 수 있습니다. 이솝의 우화는 동물들을 주인공으로 인간들에게 교훈을 주는 방식입니다. 토끼와 거북이 우화가 대표적인데 자기 능력만 믿고 잠이 든 토끼의 교만을 질책하고, 거북이의 성실성을 찬양합니다. 그러나 예수님의 비유는 사람들의 삶을 다루고 있기에 이런 우화와는 다릅니다.

또 다른 비유풀이로 유대인들의 '악가다' 방식이 있습니다. 신학적 난제가 있거나 성서 구절이 잘 풀리지 않을 때 이를 이야기 방식으로 풀어냅니다. 그것이 모여 탈무드가 되었고, 탈무드는 한국인들이 좋아하는 교훈이요 재담입니다. 탈무드에서 전하는 악가다 방식의 한 이야기입니다.j Berakhot 2,8 AD 325년에 랍비 분Bun 이 28세의 젊은 나이로 죽었습니다. 이 때문에 왜 의로운 자가 일찍 죽어야 하는가 하는 신정론 문제가 불거졌습니다. 그때 장례식에서 랍비 제라Zera가 다음과 같은 비유로 설명했습니다.

어떤 왕이 일꾼을 많이 고용했는데 그중에 매우 뛰어난 일꾼이 한 명 있었다. 왕은 그를 두 시간만 일하게 하고 나머지 시간은 그와 함께 산책을 하며 보냈다. 저녁에 품삯을 지불할 때가 되어 모두에게 동일한 품삯을 주었다. 그러자 일꾼들이 다음과 같이 불평했다. "우리는 하루 종일 수고했는데 이 사람은 겨우 두 시간만 수고하고 우리와 동일한 품삯을 받았습니다." 이 소리를 듣고 왕이 그들에게 말했다. "이 사람은 당신들이 하루 종일 생산한 것보다 두 시간 만에 더 많은 것을 생산했다." 그렇게 랍비 분은 탁월한 학생이 100년 동안 해도 할 수 없는 일을 28년 만에 만들어냈다고 랍비 제라는 말했습니다.

포도원 품꾼의 비유와 유사한 이 비유는 아마 기독교의 영향을 받아 랍비들이 작성했을 것입니다. 문제는 비유를 소비하는 방식입니다. 예수님의 비유가 이처럼 인간 삶을 다루고 있다는 점에서 유대의 탈무드 방식과 유사합니다. 그러나 예수님의 비유는 인간 삶을 어떤 교훈이나 교리를 해명하기 위한 도구로만 사용하지 않습니다. 비유의 주인공들은 평범한 사람들이고, 일상적인 삶 그자체가 주목받습니다. 교리에 대한 해명이 아니라, 삶의 현장이 새로운 계시가 출현하는 무대입니다. 씨를 뿌리는 농부의 행위, 잡초 겨자씨나 가라지와 힘겨운 싸움, 밀가루에 누룩을 섞는 여자, 집안에 있는 두 명의 탕자들, 노동자 또는 청지기와 주인 간의 싸움, 과부와 재판관의 이야기 등. 우리 일상사 자체가 하나님 나라를 담지하고 있습니다.

"천국은 마치 이와 같다."라는 말씀에서 그 비교 대상은 우리의 삶입니다. 삶이 곧 비유가 되고 있습니다. 삶이 비유가 되었다는 것은 우리 일상적 삶이 그만큼 신비하고 풍요롭다는 뜻입니다.

불의한 청지기라 불리는 이 사람의 살아남기 위한 투쟁이 중요하고 그 삶은 신성합니다. 그 안에 하나님 나라를 담고 있기 때문입니다. 이 청지기는 하나님의 이런 관심과 지지를 알고 있었을까요? 자기 인생의 밭에 보물이 감추어져 있음을 알았을까요?

주인 대 청지기의 싸움

불의한 청지기의 비유는 예수님이 만들어낸 비유가 아니라 신문의 어느 가십처럼 보도된 사건이었을 것입니다. 주님은 널리 알려진 이 스토리를 들며 하나님 나라에 대한 교훈을 제자들에게 전합니다.

어떤 부자 주인이 있고 청지기가 있습니다. 둘 다 이름이 없습니다. 그런 점에서 우리 모두의 이야기가 될 수 있습니다. 이 청지기는 바로 나입니다. 그러면 비유를 읽는 눈이 좀 달라질 것입니다. 우리는 예수님의 비유에서 '주인'이 등장하면 자동적으로 '하나님'과 연관 지으려 합니다. 그러면 비유 이해에 실패합니다. 그는 그냥 돈 많은 주인일 뿐입니다. 불의한 것은 청지기가 아니라 이 주인입니다. 당시 유대의 사회상을 보면 아마 이 주인은 부재지주일 것이고, 그 관리를 청지기에게 맡겼을 것입니다. 주인은 때가 되면 와서 이익만 거두어 갑니다.

그런데 어느 날 "그가 주인의 소유를 낭비한다는 말이 그 주인에게 들렸습니다"[1]절 그냥 소문 정도가 아니라 투고가 들어온 것입니다. '들린지라'의 헬라어 원뜻은 '고발이 들어왔다.'라는 뜻입니다. 그래서 표준새번역은 보다 분명히 "이 청지기가 재산을 낭비한다고 하는 고발이 들어와서"라고 번역합니다. 청지기 직은 매우 불편한 자리입니다. 소작농들을 잘 관리해서 생산량을 늘려야 할 뿐만 아니라, 그들의 이익을 쥐어 짜내어 주인에게 많은 이익을 보장해주어야 합니다. 소작농의 끝없는 불만의 소리를 들어야 할 뿐만 아니라, 주인의 탐욕도 채워줘야 합니다. 그러니 항상 소작농들과 갈등 관계에 있습니다. 아마 그 갈등이 폭발한 것 같습니다. 소작농 중 일부가 주인에게 거짓으로, 또는 부풀려서 청지기를 모함한 것 같습니다. 이에 주인은 청지기에게 해고 통보를 내리고, 모든 재산을 정리하라는 명령을 내립니다.

여기 "주인의 소유를 낭비한다."라는 말은 거짓일 가능성이 높습니다. 청지기가 주인의 재산을 횡령하거나 빼돌렸다는 말인데 그렇다면 그에게는 어느 정도의 재산이 있어야 합니다. 그런데 청지기의 형편은 어떻습니까? "주인이 내 직분을 빼앗으니 내가 무엇을 할까 땅을 파자니 힘이 없고 빌어먹자니 부끄럽구나"[3]절 청지기는 청지기 직에서 물러나면 일용직 노동자나 거지가 될 판입니다. 재산이 한 푼도 없습니다.

이런 위기에서 청지기는 나름의 지혜를 발휘합니다. 무게 있게 지혜라고 하였지만, 약자들에게는 '꾀'라고 부르는 것이 낫습니다. 청지기는 주인에게 빚진 자들을 일일이 부릅니다. 기름 백말을 빚진 자는 오십 말로 탕감해 줍니다. 밀 백석을 빚진 자는 팔십으로 탕감해 줍니다. 사실 지금 청지기가 상대하고 있는 자들은 가난한 자들이 아닌 중류층 소작농들입니다. 기름 100바트말는 1,000데나리온 상당이고, 밀 100코르석는 2,500데나리온 상당입니다. 오늘날로 따지면 1억 가까이 되는 채무입니다. 또한 그 탕감 액수가 교묘합니다. 당시 올리브 기름은 50%의 수익이, 밀은 20%의 수익이 적절했다고 합니다. 청지기는 그 이자분만큼을 탕감한 것입니다.

이스라엘 사회는 고리대금업이나 형제를 대상으로 이자놀이를 하는 것이 금지되었습니다. 이자를 받으면 율법 위반입니다. 그래서 편법이 등장했을 가능성이 있습니다. 돈을 빌려갈 때 이자분까지 포함해서 원금으로 계산하는 방식입니다. 현대 중동의 수쿠크 법도 이와 유사한 편법입니다. 이슬람인들도 모세 율법을 따르기에 이자놀이가 금지됩니다. 그래서 아예 그 기업이나 재산을 사는 것처럼 꾸며, 그 이익분을 취하는 식으로 이자를 받습니다.

청지기는 이렇게 이자를 탕감해 주면 이들이 고마워서 자기가 쫓겨난 후 편의를 봐줄 거라 생각한 것입니다. 고대 로마 헬라 사회는 은혜카리스를 중시하는 사회입니다. 은혜, 곧 선물을 받으면 반드시 보답해야 합니다. 청지기는 나름 꾀를 짜내어 그 위치에서 할 수 있는 최선의 방법을 모색한 것입니다.

자 이제 문제는 주인입니다. 주인은 청지기의 이 행위를 어떻게 받아들였을까요? 8절입니다. "주인이 이 옳지 않은 청지기가 일을 지혜 있게 하였으므로 칭찬하였으니" 자신의 재산을 축낸 청지기를 지혜 있다고 칭찬하는 이 말 때문에 비유 해석이 난해해졌습니다. 제 해석도 확신할 수는 없지만, 주인의 심리를 한번 재구성해 보겠습니다.

이제는 주인이 곤혹스런 처지로 몰렸습니다. 주인은 청지기가 탕감한 행위를 인지했을 것입니다. 그런데 이는 그동안 자신의 이자놀이 행태를 적나라하게 폭로한 셈이 됩니다. 이 주인이 경건한 사두개인이나 예루살렘 공의회 의원이었다면 문제는 더 심각해집니다. 유대 율법에 어긋나는 고리대금업을 했기 때문입니다. 주인은 또한 청지기가 비밀 장부를 가지고 있고, 다른 방식으로 협박할 수도 있다는 위험 신호를 감지했을 것입니다. 물론 주인은 이런 위험에도 불구하고 청지기가 탕감한 것을 다 무효로 돌릴 수 있습니다. 그러면 이번에는 탕감받은 소작농들이 들고일어날 것입니다. 자칫 자신이 위험할 수도 있습니다. 예수님의 비유 중에 주인의 아들도 죽인 악한 포도원 농부의 비유도 있지 않습니까?

주인은 이 순간 정말 뭐 씹은 표정으로 청지기를 복직시키고,

청지기가 취한 행동을 다 수용하기로 결정했을 것입니다. 그렇게 겉으로 드러난 것이 "주인이 이 옳지 않은 청지기가 일을 지혜 있게 하였으므로 칭찬하였다."8절라는 말입니다. 일단 현상적으로는 소작농들의 불만이 해결되었습니다. 주인은 자비로운 주인으로 명예가 높아졌습니다. 여기서 청지기를 내치면 그 속이 다 드러나지 않겠습니까? 주인은 일단 일보 후퇴하는 방식을 취합니다. 그러나 부자들이 어떤 자들입니까? 이 손해는 나중에 다시 배로 되받으면 됩니다.

약한 자의 무기

어찌 되었든 청지기는 자신의 꾀로 살아남았습니다. 비유 해석의 대가 예레미아스는 이 비유에 대해서 다음과 같이 해석합니다 "이 이야기가 범죄자를 본보기로 내세우기 때문에 많은 논쟁과 거리낌이 있었다. 청중은 예수가 맹렬한 비난의 말로 이야기를 끝맺을 것이라 생각했다. 그러나 예수가 이 사기꾼을 칭찬한 것은 그들에게 전혀 예상 밖이었다. 너희는 분개하는가? 너희는 여기서 배우라! 너희는 지금 목에 칼이 놓여 있고 생존의 파국으로 위협당하고 있는 이 재산관리인과 같은 처지에 놓여 있다."《예수의 비유》

예레미아스는 이 비유의 초점이 청지기가 당한 위기에 있다고 맞춥니다. 너희도 청지기처럼 시간이 없으니 빨리 지혜로운 행동을 취하라는 종말의 교훈으로 사용했다는 것입니다. 이는 초대교회의 해석이기도 합니다. 재물이 주요 처분 대상이고, '지극히 작은 것'은 아마 재물이나 사역이 여기에 해당할 것입니다.

그런데 단순히 종말의 위기 비유로 사용하기에는 비유 자체가 너무 장황하고 부적절합니다. 종말의 시급성을 강조하기 위해서는 '도끼가 나무 뿌리에 놓였다.'라는 식의 비유가 더 간결하고 직접적입니다. 불의한 청지기라 불리는 이런 모범적이지 않은 인물 말고, 다른 인물을 사용하는 것이 더 적절합니다. 이런 식으로 예화를 사용하면 청중들은 혼란스럽습니다.

사실은 바로 이 긴 스토리 자체가 목적입니다. 청지기의 삶, 그 자체를 우리는 주목해서 보아야 합니다. 이 비유의 주인공은 청지기입니다. 그가 취한 행동에 초점을 맞추어야 제대로 해석할 수 있습니다. 이는 실은 현실에서 당하는 우리들의 이야기이기도 합니다. 약자들은 현실 세계에서 재산이나 권력이 없습니다. 이들에게 주어진 유일한 무기는 지혜, 곧 꾀입니다. 머리를 잘 써야 살아남을 수 있습니다. 헤어초크는 이 비유를 사회과학적으로 분석하였습니다. 그 논문의 제목이 〈약한 자의 무기〉입니다. 엘리트들이 지배하는 사회에서 취약한 사람들이 생존을 위해서 어떻게 투쟁하는가를 보여주는 비유라는 것입니다.

사실 '옳지 않은', 곧 '불의한' 청지기라는 규정도 문제가 있습니다. 불의하다는 말은 땅 주인이나 강자들이 붙인 꼬리표입니다. 그들이 볼 때는 불의해 보이겠지요. 자신들의 재산을 강탈했으니까요. 자신들의 양식과는 달리 천박해 보이니까요. 그러나 이 청지기는 자신을 위해 약은 꾀를 부린 것이지만, 결과적으로 빚이 탕감되는 희년 사회를 이루는 실천가가 되었습니다. 50년째 희년에 선포될 중요한 자유 중 하나는 빚의 탕감입니다. 이런 식의 결론은 이미 야곱의 속임수를 통해 장자권이 실현되거나, 다말의 불륜을 통해 유다 가문이 계승되거나, 룻의 음란해 보이는 시도에 의해 구원사가 이어지는 장면에서 확인한 바입니다.

실제 불의한 청지기의 삶은 디아스포라 유대인들의 삶이었습니다. 이방인으로서, 소수자로서 그들은 오직 자신의 머리를 무기로 살아남아야 했습니다. 애굽 땅의 요셉이 그랬고, 페르시아의 모르드개가 그렇게 위아래 눈치를 보며 살아남았습니다. 셰익스피어의 《베니스의 상인》에 등장하는 유태인 고리대금업자 샤일록과 같은 삶입니다. 샤일록의 눈으로 그 작품을 읽는다면 다른 세계가 보일 것입니다. 그가 그렇게 악착같이 벌어들인 돈이 사실 자신들의 생명과 나름의 존엄성을 유지토록 만들어 주었습니다. 여기서 어떤 고상함이나 멋짐을 기대하라고요? 그러다 죽습니다.

불의한 청지기의 비유는 바로 우리 일상적인 삶을 긍정하는 내용입니다. 마지못해서 살고, 어느 때는 비굴하게, 또 다른 때는

거짓을 행하며 삽니다. 그런데 바로 이런 일상이 예수님의 입에서
하나님 나라의 신비를 계시하는 비유로 사용되고 있습니다. 물질
의 선한 사용의 모범으로, 위기 시에 현명한 대처의 사례로. 사실
이런 교훈은 부차적입니다. 최선을 다해서 삶을 살아가는 것, 그
자체가 아름답습니다. 지금 잘 하고 있습니다. 하나님이 인정하십
니다.

07
포도원 품꾼과 주인의 대투쟁

포도원 품꾼 비유 [마태 20:1-16]
천국은 마치 품꾼을 얻어 포도원에 들여보내려고 이른 아침에 나간 집 주인과 같으니, 그가 하루 한 데나리온씩 품꾼들과 약속하여 포도원에 들여보내고... 제육시와 제구시에 또 나가 그와 같이 하고 제십일시에도 나가 보니 서 있는 사람들이 또 있는지라. 이르되 "너희는 어찌하여 종일토록 놀고 여기 서 있느냐?"... 제십일시에 온 자들이 와서 한 데나리온씩을 받거늘 먼저 온 자들이 와서 더 받을 줄 알았더니 그들도 한 데나리온씩 받은지라. 받은 후 집 주인을 원망하여 이르되 "나중 온 이 사람들은 한 시간밖에 일하지 아니하였거늘 그들을 종일 수고하며 더위를 견딘 우리와 같게 하였나이다."

알레고리 해석

포도원 품꾼 비유는 달리 "자비로운 고용주의 비유"라 불리기도 합니다. 하나님의 자비하심이 어떠한지 생생하게 보여줍니다. 정상 일과보다 늦게 세 시, 여섯 시, 아홉 시, 마지막으로 근무 시간 한 시간 남겨놓고 포도원에 들어온 열한 시 일꾼이 있습니다. 이는 곧 주님의 은혜를 받은 인생의 순서입니다. 늦게 받은 자일수록 그 감사가 큽니다. 11시 인생은 막차로 구원 열차에 올라탄 사람입니다. 모든 면에서 좀 늦은 것 같아 저 또한 '11시 인생'이라는 말을 곧잘 사용합니다. 느지막이 주님의 은혜를 깨닫게 된 사람의 감격입니다.

이런 식으로 문맥에서 벗어나 다른 영적 의미를 찾는 해석을 '알레고리'라고 합니다. 초대 교회나 중세 시대에 알레고리 해석이 유행했습니다. 오리겐Origen이 대표적인데 이른 아침 부름받은 품꾼을 아담과 하와라 하였습니다. 3시는 노아, 6시는 아브라함과 족장들, 9시는 모세이고, 11시는 그리스도의 시대라 하였습니다. 비유에 성경의 구속사를 담았습니다. 심리학적인 알레고리도 있습니다. 차례대로 어린 시절 부름받은 사람, 청소년기에, 청장년기에, 장년기에, 11시는 황혼기에 부름받은 사람입니다.

알레고리 해석은 비유의 깊이와 맛을 더 풍성하게 합니다. 그런데 이단들이 비유풀이를 한다며 알레고리 해석을 남발하는 바람에 문제가 되고 있습니다. 알레고리 해석을 통해 새로운 계시나 교리를 만들어내면 안 됩니다. 교리를 벗어나지 않는 한 알레고리는 비유의 의미를 깊고, 살아있게 만듭니다. 성서 말씀이나 경전의 글은 단순한 문자가 아닙니다. 문자 안에 불을 품고 있습니다. 문자에 담긴 그 뜨거움을 오늘의 현실로 끄집어내는 것, 그것이 바로 제대로 된 설교입니다.

그런데 너무 은혜에 치우치다 보면 비유의 문자적 의미를 벗어나기 쉽습니다. 포도원 품꾼 비유가 대표적입니다. 그냥 액면 그대로 포도원 품꾼 비유를 읽으면 매우 괴상하다는 사실을 쉽게 눈치챌 수 있습니다. 왜 주인은 여러 번에 걸쳐서 일꾼들을 고용하고 있습니까? 주인은 박애주의자입니까? 모든 사람에게 일자리를 주어 가난한 사람을 구휼하려는 자비로운 주인입니까? 비유에서 우리는 너무나 쉽게 주인을 하나님과 등치시킵니다. 그러면 비유의 그림이 잘 그려지지 않습니다. 세상에 이런 고용주가 어디 있습니까? 또 왜 주인은 나중에 온 자부터 임금을 줍니까? 이것은 일찍부터 일한 자들을 모욕하는 행위가 아닙니까? 또 일찍부터 일한 자들이 주인에게 불만을 터뜨리는 것이 잘못입니까? 여러분이 직장에서 이런 일을 당한다면 불공정하다고 불만을 터뜨리지 않겠습니까? 이런 주인의 행동은 잘못이 없나요?

초대교회나 비유 해석자들에게 예수님의 이 비유는 잘 이해가 되지 않았을 것입니다. 그러나 주인을 하나님으로 설정하는 순간 모든 문제가 손쉽게 해결되었습니다. 예레미아스는 비유의 제목을 아예 "자비로운 고용주의 비유"라고 하였습니다. 불평하는 품꾼들로 빗대어지는 바리새인들에게 하나님이 얼마나 자비로운지를 보여주는 비유라는 것입니다. "하나님은, 실업자들과 그 가정을 동정하는(생활비 지급), 저 집주인과 같이 행동한다. 지금 그분은 그렇게 행동하고 있다. 그는 전혀 자격이 없는 죄인들과 세리들도 그의 구원에 참여케 한다. 그는 마지막 날에 이와 같이 그들에게 행할 것이다. 이처럼 하나님은 지극히 선하시다."《예수의 비유》

해석은 은혜롭습니다. 그런데 과연 그럴까요? 지금은 당연한 듯 해석하지만 처음 이 예화를 들었을 때 청중들은 좀 혼란스러웠을 것입니다. 자기 주변에서 이런 주인을 본 적이 없기 때문입니다. 이렇게 은혜롭게 해석하는 순간 이 비유는 일상적 삶이라는 뿌리를 잃고 가공의 이야기로 전락합니다. 비유 또한 그 세세한 긴장감을 잃고, 하나님의 자비하심이나 바리새인을 공격하는 무기로 쉽게 소모되고 맙니다. 비유가 다루고 있는 내용 자체가 중요합니다. 그것은 바로 갈릴리의 노동 현장에서 실제 일어나는 일들이었기 때문입니다.

포도원에서 무슨 일이 있었나?

포도원에서 일어났던 일을 비유의 문맥을 따라가며 여기에 제 상상력을 더해 재구성해 보겠습니다. 지금은 포도 수확철입니다. 가장 많은 노동력이 필요한 시기입니다. 상대적으로 일꾼의 가치가 높아지고 주인들이 아쉬워지는 때입니다. 전남 무안지역은 양파 수확철이 되면 온 동네가 난리입니다. 노동력이 부족해 외국인 노동자들이 투입되고, 하루 품삯이 20만 원을 넘기도 합니다. 고대사회라고 하여 예외는 아닐 것입니다.

그런데 비유의 현실은 가장 바쁜 이때에 노동자들이 일자리를 구하지 못하고 있습니다. 그 이유 중 하나가 바로 주인들의 인색함 때문입니다. 주인은 이른 아침에 나가 품꾼들을 고용했습니다. 그런데 최소한도의 인력만 고용합니다. 그러니 일찍부터 일을 시작한 일꾼들이 불만을 터트립니다. 주인도 생각하니 아무래도 오늘 일을 다 못 끝낼 것 같습니다. 그래서 세 시간 후에, 곧 9시에 추가로 일꾼을 구하러 갔습니다.

그 시간에도 일자리를 못 찾은 일꾼들이 있었습니다. 메뚜기도 한철이라고 가난한 사람들은 지금 부지런히 돈을 벌어놓아야 합니다. 한 데나리온은 한 가족이 하루 먹을 수 있는 생계비 정도에 해당합니다. 당시 성인 남자 하루 생계비를 반 데나리온 정도로 추정하니 이것도 빠듯한 금액입니다. 일이 없으면 자칫 구걸하는 처지로 전락하기도 합니다.

그런데 주인은 그들을 향해 "놀고 있다."3, 6절라고 비난합니다. '놀고 있다'의 헬라어 원어는 '빈둥거린다'라는 뜻입니다. 흔히 부자들이나 주인은 가난한 자들을 보면 그들이 게을러서 그렇다고 말합니다. 6절에서는 오후 늦게 11시까지 일자리를 찾지 못한 품꾼을 향하여 "너희는 어찌하여 종일토록 놀고 여기 서 있느냐?"라고 핀잔합니다. 이들이 놀고 싶어서 이렇게 빈둥거리고 있는 것입니까? 일자리가 없어서 그런 것 아닙니까?

주인이 9시, 12시, 오후 3시, 5시까지 계속해서 일꾼을 고용하는 것을 볼 때 그가 미친 박애주의자가 아닌 이상 필요한 최소 인력만 고용하고 있다고 보아야 할 것입니다. 이 때문에 기존에 일하던 품꾼들과는 갈등이 빚어졌을 것입니다. 일이 많다는 불만부터, 이렇게 하면 작업을 거부할 수 있다는 태업이나 파업 위협도 있었을 것입니다.

어떻게든 하루 일이 끝났습니다. 이제는 임금을 주어야 하는 시간입니다. 바로 이때가 주인이 갑질을 행할 수 있는 결정적 순간입니다. 주인은 하루 종일 일꾼 문제로 골머리를 앓았고, 고용된 품꾼들의 게으름이나 스트라이크 위협으로 화가 난 상태입니다. 갑자기 주인은 오후 5시에 고용해서 한 시간밖에 일하지 않은 자들에게 한 데나리온을 주었습니다. 그래봤자 주인에게는 그리 큰 액수가 아닙니다. 그러자 일찍부터 일했던 대다수의 일꾼들은 일을 더 많이 했으니 더 받을 것이라 기대합니다. 그런데 웬걸 똑같이 한 데나리온만 줍니다.

품꾼들이 웅성웅성 불만을 제기하자, 주인이 그 중 한 사람을 지목하여 - 그는 일꾼의 대표였나요? 아니면 가장 밉보였던 사람인가요? - 이렇게 말합니다. "친구여 내가 네게 잘못한 것이 없노라. 네가 나와 한 데나리온의 약속을 하지 아니하였느냐? 네 것이나 가지고 가라 나중 온 이 사람에게 너와 같이 주는 것이 내 뜻이니라. 내 것을 가지고 내 뜻대로 할 것이 아니냐?"13-15절 자신의 자비로움에 대한 해명이나 자랑이 아니라, 내 돈 가지고 내 마음대로 하는데 네가 무슨 상관이냐는 태도입니다. 이 주인은 자기 권세를 자랑하는 매우 교만한 사람입니다. 주인의 목적은 늦게 일한 자에게 자비를 베푸는 게 아닙니다. 먼저 일한 자들을 모욕하는 데 있습니다.

이어서 "내가 선하므로 네가 악하게 보느냐"15절라고 말합니다. 주인은 안하무인입니다. 알량한 자신의 자비를 선하다고 평가하고, 정당한 불만을 제기한 품꾼에게는 "그렇게 보는 네 눈이 문제다."라며 비난합니다. 이것을 희생자 비난하기라 합니다. 속은 자나 희생당한 자에게, 가해자의 잘못보다는 희생자 탓을 해서 무마하는 수법입니다. 14절의 "네 것이나 가지고 가라"는 말은 무서운 말입니다. 해고 통지입니다. 주인은 본보기로 한 명을 공격함으로써 전체 품꾼들을 겁주고 있습니다. 이 노동자는 블랙리스트에 올라 이 근처에서는 더 이상 일을 할 수 없을 것입니다.

갈릴리는 부재지주들이 많았습니다. 이런 식의 일용직 품꾼들과 주인 간 갈등은 비일비재했을 것입니다. 지금 예수님의 말씀을 듣고 있는 민중들 대부분은 이런 일용직 노동자의 가정이었을 것입니다. 자신들의 삶에서 한 번씩은 겪어봤을 애환입니다.

나중에 온 이 사람에게도

스포츠 경기에서 '드라마보다 더 드라마틱'하다는 말을 자주 듣습니다. 사실 현실이 더 드라마틱합니다. 예수님이 지금 말씀하시는 것은 비유가 아니라, 현실에서 실제 일어났던 사건입니다. 주님이 바로 이 현실 이야기를 한다는 것 자체가 의미가 있습니다. 노동현장은 우리 삶에서 가장 중요한 공간입니다. 밥벌이의 현장이기에 우리 삶에서 가장 많은 시간과 에너지를 쏟는 곳입니다.

그런데 우리 주님이 바로 이 밥벌이 현장에 관심이 있습니다. 노동현장은 인간의 원초적인 탐욕과 희생과 폭력이 표출되는 현장입니다. 이곳에 주님은 정의와 평화가 있기를 원합니다. 주인은 자비와 정의를 행하고, 노동자들에게는 일자리가 제공되고, 성실한 노동이 있기를 기대합니다. 밥벌이 현장에서 하나님의 뜻이 실현되지 않는다면 도대체 하나님 나라는 어디에서 찾아야 합니까? 복지단체나 요양소에서? 죽음 이후나 한계 상황에서? 기적이나 정신적 위로에서?

본회퍼D. Bonhoeffer의 말입니다. "우리들은 언제나 벌벌 떨면서 신을 위한 장소를 남겨놓으려고 한다. 나는 한계에 처해서가 아니라 중심에 있어서, 약함에 있어서가 아니라 힘에 있어서, 따라서 죽음과 죄책을 계기로 해서가 아니라 생과 인간의 선에 있어서 신에 대해서 말하고 싶다... 교회는 인간의 능력이 미치지 않는 곳,

한계에서가 아니라 마을의 한가운데 있어야 한다... 예수 그리스도
는 생의 중심이지, 결코 우리들의 미해결의 문제를 대답하기 위해
서 여기에 오신 것이 아니다."《옥중서간》, 고범서 역 주님은 여러분의 일
자리에 관심이 있습니다. 삶의 중심에서 하나님의 뜻이 실현되기
를 원하십니다.

　삶이 비유가 되었습니다. 주님이 삶의 현장을 이야기로 만드
는 순간 우리는 우리 삶을 객관화하고 분석하기 시작합니다. 아
마 주님이 이 비유를 말씀하자마자 여기저기서 말문이 터지기 시
작했을 것입니다. "저 나쁜 지주놈들!" "내가 그렇게 당했다니까!"
"그러니까 조심해야지." "그래도 일자리를 주니 고맙지." 만약 그
중에 지주가 있었다면 그 사람은 "지주도 힘들어." 하며 말했겠지
요. 아마 어떤 선동가는 "우리 품꾼들이 조직화 되어야 대항할 수
있어." 하며 부추겼겠지요.
　자신의 삶을 객관화한다면 해결점을 찾을 수 있습니다. 일상
적인 삶이 신학의 대상이 될 때, 그곳에서 하나님의 뜻을 찾고 하
나님 나라를 실현하는 길로 나갈 수 있습니다. 그런데 한국 기독교
는 될 수 있으면 강단에서 정치 이야기를 하지 않으려 합니다. 실
상 우리 대부분의 시간과 에너지가 정치에 쏟아지고 있는데도 불
구하고 말입니다. 예수님의 비유도 원래는 매우 정치적이고 현실
적이었는데, 이후 제자들이 세운 초대교회가 제도적으로 정착되

면서 정치성을 잃고 종교적, 정신적 교훈으로 해석하는 방향으로 나갔던 것입니다. 그래서 "나중 된 자로서 먼저 되고 먼저 된 자로서 나중 되리라"16절는 식의 구원사의 전개나 바리새인에 대한 비난으로 활용되었습니다.

이 비유를 경제정의의 관점에서 해석하는 것은 그래도 낫다고 생각합니다. 늦게 일했어도 하루 품삯이 주어져야 가족이 살 수 있습니다. 주인은 경제적 이익보다 고용에 더 관심이 있는 사회적 기업가와 같습니다. 이는 이상적으로 그린 세계이고, 비유를 들었던 예수의 청중 중 하나가 이런 제안을 했을 수 있습니다.

19세기에 존 러스킨John Ruskin은 이 비유 사상을 토대로 《나중에 온 이 사람에게도》1860라는 경제사상서를 썼습니다. 이기심과 경쟁이 이끌어가던 고전 경제학계에 사람 중심의 생명의 경제학을 역설했습니다. 최대 다수의 국민을 고귀하고 행복하게 이끄는 것이 경제학의 목표가 되어야 한다고 하였습니다. 자본가는 정직과 사랑으로 부를 창출하고, 이웃들의 생명에 유익한 영향을 미치는 것이 본분이 되어야 합니다. 노동자에게는 노동할 권리와 생존할 권리가 보장되어야 한다고 말합니다.

예수님이 고발한 노동 현장의 이야기는 오늘날의 경제이론과 사회적 가치관에 여전히 큰 충격을 주고 있습니다.

08
환대의 식탁 공동체

혼인잔치의 비유 [누가 14:16-24, 마태 22:1-13]
어떤 사람이 큰 잔치를 베풀고 많은 사람을 청하였더니, 잔치할 시각에 그 청하였던 자들에게 종을 보내어 이르되 "오소서 모든 것이 준비되었나이다." 하매 다 일치하게 사양하여 한 사람은 이르되 "나는 밭을 샀으매 아무래도 나가 보아야 하겠으니 청컨대 나를 양해하도록 하라" 하고... 이에 집 주인이 노하여 그 종에게 이르되 "빨리 시내의 거리와 골목으로 나가서 가난한 자들과 몸 불편한 자들과 맹인들과 저는 자들을 데려오라." 하니라

심판의 잔치

본 비유는 '큰 잔치의 비유', 마태복음에서는 '왕의 혼인 잔치의 비유'라 불립니다. 비유라기보다는 예수 운동의 진면목을 잘 보여주는 리얼 스토리입니다. 그런데 마태는 이 스토리를 심판의 비유로 적용하였습니다. 왕의 아들의 혼인 잔치라는 경사스럽고 즐거운 날이 살육의 잔치로 바뀌었습니다. 혼인 잔치에 초청받았지

만 이를 거부하는 사람들이 있습니다. 왜 그랬을까요? 왕의 심기를 건드리는 매우 위험한 행동인데... 심지어 그 소식을 전한 종들을 모욕하고 죽이기조차 합니다. 이 정도면 노골적인 반역입니다.

보복으로 왕은 군대를 보내어 그 살인자들을 진멸하고 동네를 불사릅니다.마 22:7 경사스런 날이 피비린내 나는 살육의 잔치가 되었습니다. 화가 난 왕은 길거리에서 사람을 만나는 대로 혼인 잔치에 불러서 자리를 채웁니다. 심판은 이것으로 끝나지 않았습니다. 잔치에 참석한 하객들을 보러 왔다가 왕이 예복을 입지 않은 사람을 발견했습니다. 왕은 그를 내쫓으며 이렇게 말합니다. "그 손발을 묶어 바깥 어두운 데에 내던지라. 거기서 슬피 울며 이를 갈게 되리라."13절 아니 쫓아내면 되었지, 손발을 묶고 이렇게 저주까지 해야 하는 것입니까?

모든 행동이 매우 과합니다. 마태는 예수님의 큰 잔치 비유를 알레고리 방식을 사용하여 심판의 비유로 적용하였습니다. 초청을 거부한 자들은 바리새인과 같은 이스라엘의 지도층입니다. 이들은 구약 선지자들의 말을 무시했을 뿐만 아니라, '다른 종'4절 곧 신약의 제자들을 모욕하고 죽였습니다. 이에 대해서 왕이신 하나님은 AD 70년의 예루살렘 파괴로 심판합니다. 심판은 여기서 그치지 않습니다. 사방에서 교회로 들어온 많은 신자들이 있었습니다. 이들 중 예복을 입지 않은 자들, 마치 가라지와 같은 자들 또한 제거하는 심판이 이어집니다.

여기 예복의 정체를 제대로 규명해야 하는데, 마태복음 맥락에서 보면 이는 '행함의 예복'입니다. 산상수훈과 같은 하나님 아버지의 뜻대로 행하지 않은 자는 잔치에 참여할 수 없습니다. "나더러 주여 주여 하는 자마다 다 천국에 들어갈 것이 아니요, 다만 하늘에 계신 내 아버지의 뜻대로 행하는 자라야 들어가리라"마 7:21 이들은 모래 위에 지은 집처럼 무너지고, 바깥 어둠에서 슬피 울며 이를 갈게 될 것입니다.

반면에 누가는 이 비유를 선교의 비유로 해석하였습니다. 여러 핑계를 대며 잔치 초청을 거부하는 자들이 있습니다. 이들은 유대인이나 이방인 중 복음을 거부하는 사람들입니다. 자리를 채우기 위해 거리와 골목에서 "가난한 자들과 몸 불편한 자들과 맹인들과 저는 자들"을 데려오게 합니다. 그래도 모자라자 "길과 산울타리 가로 나가서 사람을 강권하여 데려다가"23절 잔칫집을 채웁니다. 땅끝까지 이르는 선교의 역사는 이렇게 진행되었습니다. 엘리트와 힘 있는 자들은 거부하고, 그 자리를 가난하고 멸시받는 자들이 차지하였습니다. 교회에서 전도 잔치를 연다면 누가복음 본문이 더 적절합니다. 마태복음은 오히려 기존 신자들을 향한 경고의 성격이 강합니다.

어찌 되었든 마태와 누가는 예수님의 비유를 심판과 선교의 목적으로 해석하고 적용하였습니다. 예수님이 원래 이 비유를 통하여 전하고자 했던 것은 무엇이었을까요? 저는 이것은 비유가 아니라, 예수 운동의 진면목을 보여주는 실제 이야기였다고 생각합니다.

평등한 식탁 공동체

어떤 사람이 큰 잔치를 베풀었습니다. 많은 사람에게 그 소식을 알렸습니다. 이는 의례적인 초청양식입니다. 잔칫날을 알리고 참석 여부를 확인해야 맞춰 준비할 수 있습니다. 잔칫날이 되자 주인은 다시 종을 보내어 정중한 초청을 하였습니다. 주인은 매우 예우를 다하고 있습니다. 그런데 잔칫날 당일에 초청자들이 이를 거부합니다. 여러 핑계를 대면서 말입니다. 한 사람은 밭을 샀기에 밭을 점검하러 가야 한다며 거부합니다. 꼭 이날 그래야 했습니까? 계약을 잔칫날을 피하여 할 수는 없었습니까? 핑계입니다. 요는 가기 싫다는 것입니다.

두 번째 사람은 소 다섯 겨리를 샀기에 시험해야 한다는 구실을 댑니다. 역시 핑계입니다. 이는 초청을 거부할 만큼 급한 일이 아닙니다. 소 다섯 겨리, 곧 열 마리니 이 사람은 부요한 자였습니다. 마지막 사람은 막 장가들어서 못 가겠다고 하였습니다. 별스런 핑계를 대고 있습니다. 무슨 이유인지 모르겠지만 지금 잔치의 주인은 동네에서 따돌림을 당하고 있습니다. 초청을 거부함으로 주인의 명예를 심각히 손상하고 있습니다. 왜 이러는 것일까요?

이와 유사한 비유가 유대 탈무드에 기록되어 있습니다.j. Sahn. 6,6 "부유한 세리 바르 마얀 이야기"입니다. 부유한 세리 바르 마얀 the son of Mayan이 죽었을 때 그 장례식이 화려했고 온 동네가 참여하여 슬픔을 나눴습니다. 반면에 가난한 서기관이 죽었는데 사람들은 그의 장례식조차 알지 못했습니다. 어떻게 이렇게 불공평할 수 있느냐고 물었을 때 하나님은 다음과 같이 말씀하셨습니다.

세리 바르 마얀은 경건과는 전혀 상관이 없는 부자였습니다. 그가 어느 날 잔치를 베풀고 시 의원들을 초청했는데 아무도 참석하지 않았습니다. 경건치 않은 세리 집 잔치에 집단적으로 불참함으로써 모욕을 준 것입니다. 화가 나기도 하고 음식을 다 버리게 생기자 바르 마얀은 그 동네에 있는 가난한 사람들을 불러다 음식을 먹게 하였습니다. 우습게도 이것이 평생에 세리가 행한 딱 한 가지 선행이었습니다. 이에 대한 보상으로 경건치 않은 이 세리에게 성대한 장례식이 허락되었던 것입니다.

주인은 현저히 명예를 손상당하였고, 바르 마얀처럼 "시내의 거리와 골목으로 나가서 가난한 자들과 몸 불편한 자들과 맹인들과 저는 자들을 데려오라"21절라고 종들에게 명합니다. 그래도 자리가 남자 "길과 산울타리 가로 나가서 사람을 강권하여 데려다가 집을 채우라"라고 합니다. 이것이 바로 예수 운동의 전개 과정이었습니다. 초청받은 유대인이나 소위 엘리트들이 메시야 잔치의 초청을 거부하였습니다. 대신 그 자리를 가난한 자나 죄인이나 세리나, 나중에는 이방인들이 차지하게 되었습니다.

실제 예수 운동에서 먹고 즐기는 식탁은 매우 중요했습니다. "레위의 집에 앉아 잡수실 때에 많은 세리와 죄인들이 예수와 그의 제자들과 함께 앉았으니"막 2:15라는 서술은 예수 운동의 일상적 모습을 보여주는 전형적 표현입니다. 예수님은 "먹기를 탐하고 포도주를 즐기는 사람이요 세리와 죄인의 친구로다"마 11:19라는 비난을 받을 정도였습니다. 예수님은 가나 혼인 잔치에서 그 첫 번째 기적을 행하셨습니다. 물고기 두 마리와 보리떡 다섯 개로 베푼 오병이어의 기적은 그야말로 광야의 식탁이었습니다. 예수님의 머리에 기름을 붓는 의식은 나병환자 시몬의 집에서 식사하실 때 일어났습니다. 성만찬의 원형이 된 최후의 만찬은 유월절 식사 잔치였습니다. 부활하신 후에도 요한복음에서는 예수님이 제자들과 함께 조반을 먹었다고 전합니다.

예수 운동에서 식탁 교제는 매우 중요합니다. 그의 《역사적 예수》에서 크로산은 이 공동식사가 예수 운동에서 평등 공동체를 실현하는 핵심적 전략이었다고 말합니다. "공동식사는 명예와 수치, 후원자와 의존인이라는 당시의 원리와는 다른 원리에 기초하여 농민사회를 세우기 위한 전략이었다. 공동식사는 가장 밑바닥(풀뿌리) 차원에서 영적인 능력과 물질적 능력을 서로 평등하게 나누는 것에 기초한다."

식사의 사회적 기능이 있습니다. 사람이 무엇을 먹고, 어떻게 먹고, 누구와 먹는가에 따라 사회계층이 달라집니다. 예수님의 식탁에는 신분이나 계급이나 지위나 성이나 연령이나 혈통을 초월하여 모두가 한자리에서 동일한 음식을 먹었습니다. 모든 경계나 차별이 사라진 평등한 공동체가 구현된 것입니다. 정결과 부정, 경건과 불경건의 경계도 없습니다. 바리새인이나 죄인 모두에게 개방되었습니다.

공동식사의 중요성은 동시대의 쿰란 공동체에서 확인할 수 있습니다. 쿰란파는 기존의 유대교를 거부하고 광야에서 자신들만의 수도원 공동체를 만들었습니다. 이들에게 공동식사는 매우 경건하고 중요한 행사였습니다. 이들은 먼저 식사하기 전에 몸을 정결하게 씻어야 했습니다. 제사장처럼 아마포 겉옷을 걸쳤으며, 제사장의 기도와 찬미 후에 음식을 먹었습니다. 이들은 이 공동식사를 종말 때에 이루어질 메시야 잔치를 이 땅에서 미리 재현한다고 생각했던 것입니다.

쿰란 공동체의 식탁에는 율법준수와 헌신과 정결례 등을 거친 경건한 자들만이 참여할 수 있었습니다. 반면에 예수님의 식탁 공동체는 경건과 정결함의 구분도, 모든 경계와 신분의 구분도 사라진 온전한 평등 공동체였습니다. 이런 평등한 식탁이 바로 유대 사회를 향해 던진 예수 운동의 핵심 메시지였습니다.

초대와 환대

최근 세계 시민의 윤리로서 부각된 단어가 '환대'입니다. 전쟁과 정치, 기후변화와 세계화로 인해 떠도는 난민들과 이주민들이 많아졌기 때문입니다. '코스모폴리탄'이라는 단어도 세계를 가르는 경계나 차별에 대한 저항의 언어로 자주 사용됩니다. '환대'를 윤리의 근본 문제로 부각시킨 사람이 포스트모던 사상의 대표주자 데리다Jacques Derrida입니다. 데리다는 "초대가 아닌 순수한 환대"를 말합니다. 환대는 어떤 의무나 계획에 따라서 행해지는 것이 아닙니다. 갑자기 밀고 들어오는 것이고, 뜻하지 않게 일어나는 것입니다.

"나는 '초대'라는 개념으로부터 이 순수한 환대라는 개념을 분리시키고자 노력한다. 만약 당신이 손님이고, 내가 당신을 초대한 것이라면, 만일 내가 당신이 오리라 기대하고 있고, 당신을 맞이할 준비가 되어 있다면, 그렇다면 그것은 어떤 놀라움도 없으며, 모든 것이 정상적임을 의미한다. 그러나 순수 환대 또는 순수 선물이 있기 위해서는, 절대적인 놀라움이 있어야만 한다... 방문은 예기치 않은 그리고 언제든 나타날 수 있는 그 누군가의 도래를 함축한다."〈환대, 정의, 책임〉

'초대'는 계획된 것이고, 자기 취향에 맞는 동질의 모임이기에 변화나 놀람이 없습니다. 반면에 '환대'는 계획에 없던 것이고, 경계를 초월하기에 손님이나 주인 모두를 놀라게 하고 변화를 가져다줍니다. 여기에 생명이 있고 진리가 있습니다. 윤리나 사랑은 의무적 사고가 아니라 환대에 근거해야 온전할 수 있습니다.

크로산은 잔치의 비유에 대해서 다음과 같이 해석합니다. "버림받은 사람을 초대해 특별한 음식을 대접하는 것은 길거리에서 아무나 데려다 대접하는 것보다 사회적으로 덜 과격하다... 이 큰 잔치 비유에서 가장 놀라운 요소는 그 식탁에 '아무나 참석'할 수 있고 개방되어 있다는 점이다. 이런 상황에서는 계급, 성, 지위, 연령 상관없이 모두 함께 섞일 수 있다. 이처럼 평등주의적 식탁이 갖는 사회적 도전이야말로 이 비유가 가지고 있는 급진적인 위협이다."〈역사적 예수〉 잔치 비유에서는 계획했던 의도가 어그러지고, 초청자들은 모두 거부당했습니다. 계획이 흐트러진 자리에 가난한 자와 거리를 지나던 '아무나' 참여하게 되었습니다. 이것이 진정한 환대입니다.

우리는 초대가 아닌 이런 환대에 익숙해져야 합니다. 환대에 사랑의 본질이 담겨 있기 때문입니다. 예수님은 "너희를 사랑하는 자를 사랑하면 무슨 상이 있으리요"^{마 5:46}라고 말씀합니다. 이런 사랑은 자기애에 불과할 수 있습니다. 원수를 사랑하는 것, 그것이 진정한 사랑이고, 순수 환대입니다.

예수님의 성육신은 환대의 극치입니다. 하나님은 나그네처럼 갑자기 인간의 몸을 입고 성육신하였습니다. 하나님의 이 갑작스런 쳐들어옴을 유대 엘리트들은 받아들일 수 없었습니다. 환대를 거부한 결과 그들은 진리와 생명에서 멀어졌습니다. 우리 운명 속에 불쑥 쳐들어오는 존재들이 있습니다. 그들을 환대하십시오. 그러면 놀라운 세계로 우리를 인도할 것입니다.

한 민족이나 공동체도 환대에 익숙해질 때 강해집니다. 폐쇄성과 자신의 계획만을 주장하다가는 순식간에 도태될 것입니다. 환대를 하면 환대를 받게 될 것입니다. 환대의 윤리는 민족의 고립화나 제국주의적 폭력성을 넘어, 코스모폴리탄적 개방성과 세계시민성을 지향합니다. 모든 세계 인류가 경계나 차별도 없이 평등한 식탁에 앉아 행복한 식사를 하는 것, 이것이 하늘나라 공동체의 모습이고, 우리가 꿈꾸는 비전입니다.

09

씨가 문제인가, 밭이 문제인가?

씨 뿌리는 자의 비유 [마가 4:3-8]
씨를 뿌리는 자가 뿌리러 나가서 뿌릴새, 더러는 길가에 떨어지매 새들이 와서 먹어 버렸고, 더러는 흙이 얕은 돌밭에 떨어지매 흙이 깊지 아니하므로 곧 싹이 나오나 해가 돋은 후에 타서 뿌리가 없으므로 말랐고, 더러는 가시떨기에 떨어지매 가시가 자라 기운을 막으므로 결실하지 못하였고, 더러는 좋은 땅에 떨어지매 자라 무성하여 결실하였으니 삼십 배나 육십 배나 백 배가 되었느니라

비유와 불

비유의 의미를 다른 비유로 설명해 보겠습니다. 유대교 연구가 숄렘Gershom Scholem이 전하는 중세 유대교의 한 신비주의 종파의 에피소드입니다. 그 창시자 '바알 셈 토브'는 힘든 문제가 있을 때 어느 숲속을 찾아가 그곳에서 불을 피우고 기도하였습니다. 그러면 문제가 해결되었습니다.

한 세대 후에 '메세리치의 마기드'가 그 뒤를 이었고 그 또한 그 숲을 찾아가 기도했는데 이번에는 불피우는 법을 잊어버렸습니다. 그렇지만 기도는 응답이 되었습니다. 또 한 세대 후에 '사소프의 랍비 모세 라이브'가 뒤를 이었는데 그는 그 숲은 알았지만, 불 피우는 법도, 기도하는 법도 알지 못했습니다. 그랬지만 그의 기도는 이루어졌습니다.

또 한 세대 후에 '리신의 랍비 이스라엘'이 그 자리를 이었습니다. 그는 그 숲의 장소조차 알지 못했습니다. 그런데 랍비는 성 안의 의자에 앉아서 이렇게 말했다고 합니다. "우리는 불도 피울 줄 모릅니다. 기도도 드릴 줄 모릅니다. 그 숲속의 장소도 어디인지 모릅니다. 하지만 어떻게 그 일들이 일어났는지 말로 전할 수는 있습니다." 놀랍게도 그가 전한 이야기는 이상의 세 사람이 행한 것과 동일한 효과를 가져왔습니다.《유대 신비주의 주요 분파들 Major Trends in Jewish Mysticism》

이 비유의 의미가 무엇입니까? 글은 단순한 문자가 아닙니다. 그 안에 불을 담고 있습니다. 깊은 신비를 품고 있습니다. 설교라는 것은 성서 문자에서 성령의 불을 끄집어내는 행위입니다. 단순한 고전 읽기나 윤리적 선포가 아닙니다. 예수님의 비유는 삶의 '은유'메타포입니다. 은유는 단어나 문장을 매개로 우리 마음에 어떤 이미지를 떠오르게 하면서 더 심오하고 광대한 세계로 우리를 이끌어갑니다.

이상의 유대 신비주의 에피소드를 자신의 책에서 전하고 있는 사람은 현대 이탈리아 철학자이자 비평가인 조르조 아감벤Giorgio Agamben입니다. 그의 글쓰기 책 《불과 글》의 '비유와 왕국'이라는 장에서 예수님의 비유가 이처럼 불을 담고 있다고 그는 말합니다. 그는 또한 초대 교부 오리겐의 다음과 같은 말을 인용합니다. "성서는 그 내용의 어두운 요소들 때문에 수많은 방을 열쇠로 잠가 놓은 어떤 궁전과 같다." 성서 에피소드들은 수많은 신비를 담고 있으며, 각각의 문에 맞는 열쇠들이 있어, 적당한 열쇠를 찾아 꽂아야 열린다는 의미입니다.

지금 예수님의 비유를 요리해야 하는 저의 처지가 그렇습니다. 맞는 열쇠를 찾아야 하고 열쇠에 따라 그 안의 세계가 달라집니다. 본문의 예수님 비유 제목을 무어라 붙일까요? 제목이 곧 비유를 해석하는 방향이자, 비유의 주제입니다. 제가 발견한 비유의 열쇠는 세 개입니다. 밭의 비유, 씨 뿌리는 자의 비유, 씨의 비유입니다. 이 열쇠로 비유의 신비를 풀어보고자 합니다.

예수님은 비유를 해석하며 '하나님 나라의 비밀'11절이라 부릅니다. 연신 "보기는 보아도 알지 못하며 듣기는 들어도 깨닫지 못한다"12절라고 말씀합니다. '비밀'뮈스테리온은 풀어야 합니다. 파헤쳐야 합니다. 그 안에 무궁한 보물을 담고 있습니다.

밭의 비유

성경 본문은 먼저 '밭의 비유'로 이 비유를 해석합니다. 마가복음 4장 13절에서 20절까지가 예수님이 비유를 해석하는 형식인데, 씨앗이 떨어진 밭의 상태를 다양하게 구분하기에 '밭의 비유'라 이름 붙일 수 있습니다. 예수님의 말씀 형식이지만, 실은 초대교회가 즐겨 사용했던 열쇠입니다. 알레고리 방식으로 밭을 구분하였습니다.

씨는 말씀의 씨앗입니다. 씨앗을 뿌리는 자는 전도자입니다. 어떤 씨는 길가에 떨어졌습니다. 길가 밭은 자신의 생각이나 욕심이나 편견에 사로잡혀 도무지 어떤 것도 들어갈 수 없는 단단한 땅입니다. 우리나라에서는 이념에 사로잡힌 자들이나 노년 세대 대부분이 이런 마음 상태입니다. 말씀의 씨앗을 튕겨 내버려 바로 새가 먹어 버립니다. 새는 사탄이라고 강하게 해석합니다. 수십 년 말씀을 들어도 우리 마음이 길가 밭과 같다면 '소귀에 경 읽기' 식으로 열매나 변화가 없습니다.

두 번째 씨앗은 돌밭에 뿌려졌습니다. 돌밭은 싹은 나고 조금 자라기는 하지만 뿌리를 내리기 힘듭니다. 뿌리가 얕은 신앙을 말합니다. 내 안에 있는 욕심이나 상처가 있으면 단단한 바윗덩어리처럼 뿌리의 성장을 막습니다. 그러니 뜨거운 태양이 비치면, 곧 환난이나 박해나 자신에게 손해가 나는 일이 일어나면 넘어지고 맙니다.

세 번째 씨앗은 가시떨기에 뿌려졌습니다. 여기는 성장도 하고 나름 뿌리도 뻗습니다. 그러나 가시떨기나 잡초가 양분을 빼앗아 가기에 웃자라거나 성장이 빈약합니다. 가시떨기와 같이 양분을 빼앗고 방해하는 요소로서 마가는 "세상의 염려와 재물의 유혹과 기타 욕심"19절을 듭니다. 누가는 여기에 '향락'눅 8:14을 집어넣습니다. 걱정이 많거나, 딴생각을 하거나, 다른 것에 정신이 팔리면 제대로 신앙생활을 할 수 없고 신앙 인격도 형성되지 않습니다.

마지막으로 좋은 땅, 곧 옥토에 뿌려진 씨앗이 있습니다. 양분을 빼앗거나 방해하는 것도 없어 여기서는 30배, 60배, 100배의 열매를 맺습니다. 누가는 단순히 100배의 결실이라 하고, 마태는 순서를 바꾸어 100배, 60배, 30배라 합니다. 〈도마복음〉에서는 60배, 120배라 합니다. 더 붙일 수 있습니다. 현대는 농법이 발달해서 쌀 한 톨에서 850개의 쌀알을 생산할 수 있다고 합니다. 그러면 1,000배도 가능합니다.

그런데 밭의 비유는 좀 율법적입니다. 우리는 이 비유 해석을 듣는 순간 내 마음은 어떤 밭인지, 우리 공동체는 어떤 상태인지 평가하게 됩니다. 물론 자신을 반성하고 개선하면 좋습니다. 그러나 사람들은 쉽게 이를 정죄의 도구로 사용합니다. 길가 밭은 바리새인이다, 돌짝 밭은 군중들이다, 가시떨기 밭은 부자 청년이다.

예수님께 나왔던 세리와 죄인들이 자신을 옥토라 평가하기는 어려울 것입니다.

예수님은 이처럼 우리를 정죄하고 규정하길 기뻐하셨을까요? 예수님은 세리와 죄인도 품고, 은혜의 기쁜 소식을 전하려 하지 않았습니까? 혹시 이것은 초대교회의 해석이 아니었을까요? 흥미 있는 것은 씨 뿌리는 자의 비유를 동일하게 〈도마복음〉도 전하는데, 여기에는 밭을 구분하는 이런 알레고리 파트가 없습니다. 그래서 학자들 중에는 도마복음의 비유가 더 역사적 예수의 말씀에 가깝다는 주장을 하기도 합니다.

씨 뿌리는 자의 비유

그래서 두 번째 해석의 열쇠가 등장합니다. '씨 뿌리는 자의 비유'입니다. 현대 비유 해석의 권위자 중 하나인 예레미아스는 역사적 예수의 비유와 초대교회의 해석을 구분합니다. 예레미아스는 본문의 비유를 '씨 뿌리는 자의 비유'로 해석하였습니다. 10-20절의 알레고리적 해석은 초대교회의 작품이라 하고, 예수님의 실제 비유는 2-8절까지라 하였습니다.

이 비유가 전해지던 상황을 재구성해 보겠습니다. 예수님이 많은 말씀을 전하고 선교를 했지만, 결과가 신통치 않습니다. 제자들도 이곳저곳을 다니며 복음을 전했지만, 그들 또한 열매가 변변 찮습니다. 제자들은 낙담해 있습니다. 예수님은 지금 제자들을 위로하려 합니다. 그때 예수님의 눈에 멀리서 농부가 씨를 뿌리고 있는 모습이 보였습니다.

이 농부는 좀 실력이 없었던지 씨의 일부가 길가에도 뿌려지고, 돌밭에도 뿌려지고, 가시떨기에도 뿌려집니다. 아마 나중에 다 갈아엎을 생각이었을 것입니다. 사실 이런 농법은 낭비가 심합니다. 우리나라에서는 밭을 먼저 갈고 씨를 심기에 낭비가 거의 없습니다. 참 이상한 농법이지만 비유가 그렇게 설명하니 우리는 그대로 따라갈 수밖에 없습니다. 그런데 농부의 예상 밖으로 손해가 심했습니다. 새가 먹어 버리고, 태양 빛에 말라버리고, 잡초들 때문에 시들거나 웃자라는 것들이 제법 있습니다. 그러나 이 때문에 농부는 실망하지 않습니다. 옥토에 뿌린 씨앗에서 100배의 열매를 맺으면, 그 손해는 너끈히 보상받을 수 있기 때문입니다.

제자들의 처지가 그러합니다. 선교 과정에서 많은 실패와 실망을 맛보았습니다. 사람들은 도무지 복음을 받아들이려 하지 않습니다. 복음을 받은 자도 기대만큼 성장하지 않습니다. 그러나 그렇다고 해서 낙망해서는 안 됩니다. 좌절 금지! 좋은 땅에서 자라는 씨앗들이 있고, 그것이 결실을 맺을 때면 그 손해를 충분히 만회하고도 남습니다. 사업이나 인간관계에서는 그중에 하나만 성공해도 괜찮습니다.

저를 청년 시절에 교회로 인도했던 한 선배가 있습니다. 이분은 다른 전도의 열매는 변변찮았는데 항상 자랑처럼 하는 말이 저하나 전도한 것으로 충분하다고 했습니다. 제가 목회자가 되어 이렇게 사람들을 가르치고 말씀을 전하고 있기 때문입니다.

농사와는 달리 우리 현실에서 좋은 땅은 많지 않습니다. 우리 노력의 씨앗은 대부분 척박하거나 장애물이 많은 곳으로 떨어져 낭비됩니다. 긍정적으로 해석하면 우리가 씨앗을 이처럼 낭비하듯이 뿌리고 다니는 이유는 다름 아닌 좋은 땅을 찾기 위해서입니다. 하나만 성공하면 됩니다. 이 비유는 "눈물을 흘리며 씨를 뿌리는 자는 기쁨으로 거두리로다"시 126:5라는 말씀에 대한 해석입니다. 좌절하지 마십시오. 눈물로 뿌린 씨는 반드시 기쁨의 열매로 돌아올 것입니다.

씨의 비유

세 번째는 '씨의 비유'입니다. 이 제목은 제가 전혀 예상치 않게 발견한 열쇠입니다. 제가 제주도 지역에서 강의할 때였습니다. 동일한 이 비유를 나누고 있었는데 한 사람이 불만스럽게 말하였습니다. 자기는 감귤 농사를 짓는데 좀 억울하다는 것입니다. 자기 땅은 기름지지 않고 척박해서, 거름도 많이 주고 노력을 더 많이

해도 열매가 신통치 않다는 것입니다. 그런데 같은 감귤 종자를 심는데도 옆집 농장은 조금만 손봐도 잘 자라고 열매가 많다는 것입니다. 땅이 기름진 옥토였기 때문입니다.

동일한 씨앗인데 밭에 따라 운명이 바뀝니다. 씨앗의 입장에서 생각해 보십시오. 재수 없이 길가에 떨어진 씨는 새의 먹이가 됩니다. 돌밭이나 가시떨기에 떨어지고 싶어서 떨어진 씨가 어디 있습니까? 좋은 땅에 떨어진 것은 우연히 그런 것인데 마치 자기가 잘나서 그렇게 된 것 마냥 우쭐댑니다.

흙수저 금수저란 말이 여기에 적합합니다. 왕후장상의 씨가 따로 있는 것은 아니지 않습니까? 동일한 능력과 인격인데 주어진 환경에 따라 운명이 불평등하게 전개됩니다. 똑같은 혼혈인데 한국에 태어나느냐 미국에 태어나느냐에 따라, 오바마가 될 수도 있고 차별받는 소수자로 남을 수 있습니다. 재능이 없는 씨앗인데 부유한 가문에 태어났다는 이유로 능력 있는 사람 취급받습니다. 머리는 좋은데 아무리 노력해도 가난한 집에 태어난 죄로 그 뒤치다꺼리하느라 궁색한 환경을 벗어나지 못합니다.

예수님이 이런 의도로 비유를 말씀하셨다면 곧이어 제자들과 군중들의 질문이 쏟아졌을 것입니다. 억울하다거나, 하나님이 정의롭지 못하다느니, 불평등한 사회 현실이 문제라느니 하며 토론이 벌어질 것입니다. 예수님이 의도하셨던 바입니다. 주님은 우리가 자기 삶을 되돌아보기를 원합니다. 자기에게서만 원인을 찾지 말고 사회 환경도 보기를 원합니다. 그래서 불평등하면 바꿔야 할 것입니다.

주어진 환경이나 상황이 문제라면 자신에 대한 원망을 그쳐야 합니다. 자기 잘못이 아닙니다. 열매가 적은 것은 씨앗의 탓이 아닙니다. 척박한 환경에서 10배의 열매를 거두었다면 그것으로 감사하십시오. 우리는 최선을 다했고, 하나님도 이해하십니다. 교회도 성장기가 있고 쇠퇴기가 있습니다. 성장기에는 조금만 노력의 씨앗을 뿌려도 쑥쑥 자랍니다. 그러나 쇠퇴기에는 아무리 노력해도 제자리이고, 오히려 그 자리를 지키는 것이 성공일 때가 있습니다. 지금 잘하고 있습니다.

결국 인간의 운명을 결정하는 것은 '씨'와 '밭' 모두입니다. 무씨인지 배추씨인지는 이미 결정되었습니다. 자기 몫이 아닌 것을 고집하는 것은 어리석습니다. 교육이라는 것은 자기의 달란트가 무엇인지 찾아가는 과정입니다. 밭이라는 환경도 중요합니다. 아무리 좋은 씨앗이라도 환경이 좋지 못하면 꽃을 피울 수 없습니다. DNA 유전자는 선천적이지만, 이것이 환경에 따라 발현이 되기도 하고 그렇지 않기도 합니다. 선천성과 환경이 조화를 이룰 때 1백배의 열매를 맺는 인생이 됩니다.

10
1만 달란트 탕감한 왕의 무자비

무자비한 종의 비유 [마태 18:23-35]
천국은 그 종들과 결산하려 하던 어떤 임금과 같으니, 결산할 때에 만 달란트 빚진 자 하나를 데려오매 갚을 것이 없는지라... 그 빚을 탕감하여 주었더니 그 종이 나가서 자기에게 백 데나리온 빚진 동료 한 사람을 만나 붙들어 목을 잡고 이르되 "빚을 갚으라!" 하매... 이에 주인이 그를 불러다가 말하되 "악한 종아, 네가 빌기에 내가 네 빚을 전부 탕감하여 주었거늘 내가 너를 불쌍히 여김과 같이 너도 네 동료를 불쌍히 여김이 마땅하지 아니하냐?" 하고 주인이 노하여 그 빚을 다 갚도록 그를 옥졸들에게 넘기니라

은혜와 윤리

본문의 비유는 기독교 윤리의 성격이 어떠한지를 잘 보여줍니다. 비유의 맥락이 중요한데 베드로가 예수님께 행한 질문에 대한 답으로서 이 비유가 주어졌습니다. 베드로가 "형제가 내게 죄를 범하면 몇 번이나 용서하여 주리이까 일곱 번까지 하오리이까" ᵐ 18:21 하고 예수님께 물었습니다. 타인이 자신에게 행한 잘못을 7

번까지 용서하는 것은 대단한 아량입니다. 보통 사람은 한 번도 참기 힘듭니다. 현대인 중에 두세 번까지 참을 수 있다면 그 사람은 성자이거나 바보거나 둘 중 하나일 것입니다.

베드로는 과시하듯 스스로 답을 내었는데 어이없게도 예수님의 요구는 이보다 더 가혹했습니다. "일곱 번뿐 아니라 일곱 번을 일흔 번까지라도 할지니라"22절 7×70=490번입니다. 이는 곧 무한한 용서를 말합니다. 복수의 영원한 포기입니다. 그러면서 들려주신 비유가 본문의 '무자비한 종의 비유'입니다.

어떤 왕에게 1만 달란트를 빚진 신하가 있었습니다. 도무지 이 엄청난 빚을 갚을 수 없는 그 종을 왕은 불쌍히 여겨 탕감하고 놓아주었습니다. 그런데 이 종이 이런 은혜를 입고도 자기에게 1백 데나리온 빚진 동료를 만나자 그의 목을 잡고는 빚을 갚으라고 요구합니다. 갚겠다고 하였지만, 그 동료를 옥에 가두기까지 합니다. 이 소식이 왕의 귀에 들어갔습니다. 화가 난 왕은 1만 달란트를 탕감했던 종을 다시 붙잡아 옥에 가두고, 원래의 빚을 다 갚도록 형벌에 처했다는 이야기입니다.

왕이 화가 날 만도 합니다. 1만 달란트는 대략 6천 데나리온에 해당합니다. 그렇게 계산하면 1만 달란트와 1백 데나리온의 차이는 60만 배에 달합니다. 도무지 상상할 수 없는 빚을 탕감받았음에도 사소한 빚을 용서하지 못한 것입니다. 그런데 이것이 바로 기독교 윤리의 성격을 명백히 보여주는 본보기 비유입니다. 용서는 율법이 아닙니다. '내게 빚진 자를 용서해야 해.' 하며 규율로만 생각하면 용서가 어렵습니다. 참는다는 게 쉽지 않기 때문입니다. 그러나 윤리 이전에 은혜가 있습니다. 우리는 엄청난 용서의 은혜를 하나님으로부터 받았습니다. 타인을 향한 용서는 우리가 받은 것에 비하면 아무것도 아닙니다. 가령 100억을 용서받은 자가 100만 원 정도는 양보할 수 있는 것 아닙니까?

산상수훈이 요구하는 그 엄청난 원수 사랑의 윤리를 행할 수 있는 힘이 여기에 있습니다. 원수 사랑이라는 윤리 이전에 앞서 무한한 은혜가 있습니다. 죄로 죽을 우리의 생명을 용서하신 하나님의 사랑이 앞서 있습니다. 1만 달란트 용서받은 사실은 망각한 채, 자기에게 1백 데나리온 빚진 자를 용서하라면 힘들 것입니다. 그런 점에서 기독교 윤리는 윤리가 아닙니다. 은혜에 대한 반응일 뿐입니다. 우리는 타인을 용서하며 오히려 우리가 받은 은혜를 생각하며 감격합니다.

무자비한 왕

이렇게 해석하면 이 비유가 은혜롭지만, 곰곰이 생각하면 이상한 점이 한두 가지가 아닙니다. 첫째, 1만 달란트를 빚지거나 탕감받는다는 것은 일반 개인이 상상할 수 없는 엄청난 액수입니다. 유다 지역의 1년 세수 총액은 고작 6백 달란트에 불과합니다. 1만 달란트 정도면 나라와 나라 사이에 발생할 수 있는 큰 규모입니다. 황제와 분봉왕, 또는 승전국과 패전국 사이의 거래에서나 가능한 일입니다. 로마의 세금 체계는 그 지역의 1년 세수를 미리 책정하고 징수하는 방식입니다. 아마 기근이나 재해나 여러 사정으로 세금 징수가 원활하지 않았고, 그것이 빚으로 처리되었을 것입니다. 일반 서민이나 작은 왕국에서 일어날 수 있는 그런 흔한 일이 아닙니다.

둘째는 1만 달란트 탕감했던 왕의 무자비함입니다. 왕의 용서 행위는 베드로만도 못합니다. 왕은 크게 한 번만 참고는 두 번째는 용서하지 않고 가혹하게 복수합니다. 무한한 용서를 강조한 예수님의 말씀에 위배된 행동을 비유의 주인공이 행하고 있습니다. 물론 이 왕을 하나님으로 해석할 수 있습니다. 그러면 더욱 이해가 안 되는데, 하나님 또한 용서를 제대로 실천하지 않으면서 인간에게 용서를 강요한다는 모순에 빠집니다.

셋째는 그 형벌의 가혹함입니다. 34절은 "주인이 노하여 그 빚을 다 갚도록 그를 옥졸들에게 넘기니라"라고 유하게 번역하였습니다. 그런데 여기 옥졸을 영어 성경들은 'torturer', 곧 '고문관'으로 번역합니다. 고문하여 벌을 주는 가혹한 형벌입니다. 꼭 이렇게까지 해야 합니까? 그런데 사실 이런 식의 혹독한 형벌은 마태복음의 비유나 말씀들의 결론으로 매우 자주 등장합니다. 마태는 많은 곳에서 "슬피 울며 이를 갈 것이라"마 8:12, 13:42, 50, 22:13, 24:51, 25:30라는 말씀으로 결론을 맺습니다. 왕의 혼인 잔치에 예복을 입지 않고 참여한 손님은 "그 손발을 묶어 바깥 어두운 데에 내던지라 거기서 슬피 울며 이를 갈게 되리라"22:13라는 형벌을 받습니다. 그냥 쫓아내면 되었지, 예복 좀 안 입었다고 하여 이런 벌은 너무 가혹하지 않습니까?

이것보다 더 심한 벌이 있습니다. 주님이 오실 때까지 깨어 있지 못하고 폭력을 행사하며 흥청망청 탕진한 악한 종에 대한 심판에서입니다. "그 종의 주인이 이르러 엄히 때리고 외식하는 자가 받는 벌에 처하리니 거기서 슬피 울며 이를 갈리라"마 24:50-51 여기 '엄히 때리고'를 영어성경 NIV는 "cut him to pieces"로 번역합니다. 몸을 둘로 찢는 거열형입니다. 게으름 좀 피웠다고 이렇게 가혹한 형벌을 받아야 합니까?

물론 과장법이라거나, 그 정도로 깨어 있어야 한다는 경고 정도로 해석할 수 있습니다. 그러나 동시에 마태복음은 원수를 사랑해라, 오른편 뺨을 맞으면 왼편 뺨도 들이대라는 그 유명한 산상수훈의 윤리나, 일흔 번씩 일곱 번이라도 용서하라는 말씀들을 한다는 점입니다. 이런 사랑과 자비의 요구에 비해 그 심판은 너무 가혹하고 폭력적이지 않습니까? 마태복음의 이 극단적 태도를 어떻게 이해해야 할까요?

마태 공동체의 트라우마

이런 극단적인 행동은 마태 공동체의 트라우마에서 비롯되었다고 볼 수 있습니다. 트라우마는 "과거 경험했던 위기나 공포와 비슷한 일이 발생했을 때, 당시의 감정을 다시 느끼면서 심리적 불안을 겪는 증상"을 말합니다. 마태복음을 자세히 읽어보면 마태 공동체는 매우 심한 핍박을 유대 사회와 로마 제국으로부터 당했음을 알 수 있습니다.

팔복의 여덟 번째인 '의를 위하여 박해를 받는 자'가 받은 박해의 내용입니다. "나로 말미암아 너희를 욕하고 박해하고 거짓으로 너희를 거슬러 모든 악한 말을 할 때에는 너희에게 복이 있나니"마 5:11 제자들을 파송하면서 주는 예수님의 경고에서도 나타납니다. "사람들을 삼가라. 그들이 너희를 공회에 넘겨주겠고 그들의 회당에서 채찍질하리라. 또 너희가 나로 말미암아 총독들과 임금들 앞에 끌려가리니"마 10:17-18 악한 포도원지기 비유나 왕의 혼인잔치 비유에서는 종들을 때리고, 모욕하고, 죽이기조차 합니다. 이는 실상 마태 공동체가 당했던 폭력들입니다.

이런 심한 폭력을 당하면 상처가 되고, 그것이 트라우마가 되어 사람을 위축시키고 아프게 합니다. 트라우마는 극복하거나, 어떤 방식으로든 관리해야 살 수 있습니다. 그런데 놀라운 것은 마태 공동체는 이 트라우마를 복수의 방식이 아닌, 오히려 때린 자를 사랑하고 용서하는 산상수훈적 포용의 길로 돌파해갔다는 점입니다. 형제를 비난하는 것조차 금지하며 무한한 용서를 강조합니다. 산상수훈의 윤리는 인간에 대한 사랑이 그 주된 정서가 아닙니다. 우리는 너희와 다르다는 차별성이 주된 기조입니다. "하늘에 계신 너희 아버지의 온전하심과 같이 너희도 온전하라"마 5:48 신앙인은 세상의 자녀와는 다른 하나님의 자녀입니다.

거짓과 탐욕으로 가득하고 야만적이고 폭력적인 현실에, 동일하게 보복이나 힘의 논리로 대항하지 않습니다. 자신이 가진 고귀함으로 야만과 폭력을 비웃는 방식입니다. '너희가 아무리 비인간적으로 대할지라도 우리는 인간적 방식으로 대한다. 그래서 우리의 존귀함을 지키고 너희의 야만을 비웃을 것이다.' 억지로 5리를 가게 하는 자에게 10리를 동행하라는 말이 사랑에서 나온 윤리는 아니지 않습니까? 개처럼 달려드는 세력을 향하여 하나님과 같은 넓은 마음으로 포용하는, 어쩌면 우아한 복수입니다.

그러나 사람이 항상 이렇게 성인군자 식으로만 반응할 수 없습니다. 그러면 답답해 죽습니다. 바로 그 분노가 비유의 결론에서 매우 폭력적인 모습으로 폭발하고 있습니다. 하나님의 길을 따르지 않는 자들은 슬피 울며 이를 갈게 되고, 옥에 가두어 고문당하고, 심지어 온 동네가 불에 태움을 당하고, 몸이 두 쪽이 나는 거열형에 처해질 것입니다. 분노 대폭발입니다. 미루어 두었던 복수가 심판 때에 더 가혹하게 집행됩니다. 마태 공동체는 그날을 기다리며 참고 있습니다.

이 폭력은 자기를 향하기도 합니다. "만일 네 오른 눈이 너로 실족하게 하거든 빼어 내버리라... 만일 네 오른손이 너로 실족하게 하거든 찍어 내버리라"마 5:29-30, 18:8-9라는 말씀이 그렇습니다. 분노의 에너지를 극단적인 자기 절제로 몰아갔습니다. 이 분노를 자기 절제로만 사용하면 좋은데, 이웃 동료에게 강요할 때 새로운 바리새주의가 출현합니다.

분노는 어떤 식으로든 표출되고 해소되어야 합니다. 쌓이면 병이 되고, 자기 생명을 깎아 먹습니다. 70년대 인혁당 사건으로, 8명이 대법원 최종 판결 후 18시간 만에, 박정희 유신독재 하에서 형장의 이슬로 사라졌습니다. 그 장례식 날이었는데 사형당한 남편을 둔 한 부인이 갑자기 맑은 하늘을 향해 이렇게 외쳤더랍니다. "하나님 이 X새끼야! 왜 천둥 번개도 안 쳐. 왜 하늘이 맑아 이 새끼야!" 당시 곁에서 함께 장례를 치렀던 목사님은 이 말이 평생 잊히지 않는다고 했습니다. 그 억울함을 하늘에라도 대고 풀어야 인간은 살 수 있습니다. 우리 하나님은 욥의 탄식을 그대로 다 받으시는 분입니다.

마태는 원수를 향한 복수를 마지막 심판의 날로 미루었을 뿐입니다. 초대교회는 원수에 대한 복수가 현실적으로 어렵고, 그 과정에서 자신들 또한 망가질 수밖에 없기에 하나님께 맡겼습니다. 사도 바울의 말을 들어보십시오. "내 사랑하는 자들아 너희가 친히 원수를 갚지 말고 하나님의 진노하심에 맡기라. 원수 갚는 것이 내게 있으니 내가 갚으리라. 네 원수가 주리거든 먹이고 목마르거든 마시게 하라. 그리함으로 네가 숯불을 그 머리에 쌓아 놓으리라"롬 12:19-20 요한계시록에 서술된 심판의 모습은 매우 폭력적인데, 이는 그동안 원수의 머리에 쌓았던 숯불을 다 쏟아부을 것이기 때문입니다. 아직 시간이 남아 있는 동안에 회개하십시오.

하나님 나라와 제국

그렇다면 원래 예수님이 이 비유에서 의도하셨던 바는 무엇이었을까요? 비유야 여러 상황에서 여러 모양으로 해석될 수 있습니다. 그것이 비유의 힘입니다. 그래도 비유의 첫 출발이 있었을 것입니다. 다시 비유의 상황을 재구성하면 이렇습니다. 왕과 신하의 관계인지 또는 황제와 분봉왕 사이에 일어난 일인지 모르겠지만 1만 달란트라는 엄청난 세금이 덜 걷혔습니다. 아무리 계산해도 세수 결원을 메꿀 수 없게 되자 이 왕은 전격적으로 빚 탕감을 실시합니다. 세금 문제는 예나 지금이나 매우 예민합니다. 고대 사회의 폭동은 대부분 세금 문제로 일어났습니다. 왕은 백성들에게서 인

기도 얻고, 자신의 명예를 드높일 계획으로 대대적인 빚 탕감을 선언한 것입니다.

그런데 그 신하 중 하나가 왕의 취지에 무색하게 여전히 세금을 강탈하는 무자비함을 보였습니다. 왕의 명예가 일시에 무너질 위기입니다. 백성들이 "쇼였네." 그럴 것 아닙니까? 왕은 이 상황을 무마하기 위해 황급히 이 신하를 잡아 가혹하게 고문함으로써 자신의 세금 탕감 조치가 유효함을 보입니다. 내용 전개를 보아서는 유대 사회는 아니고, 이방의 어떤 큰 지역에서 벌어졌던 사건의 전말이 로마 전역에 퍼졌을 것입니다. 예수님은 이 사건을 인용하며, 로마 제국 체제를 비판하셨을 것입니다. 세금 탕감의 이유도 그렇고, 그런 호혜 조치도 세상 제국은 관료 체제의 벽에 막혀 제대로 시행되지 못합니다.

이제 이 비유를 하나님 나라의 원리로 적용할 수 있습니다. 하나님은 우리의 왕입니다. 우리는 그 앞에 1만 달란트라는 큰 빚을 진 죄인들입니다. 하나님은 이 엄청난 빚을 탕감해 주었습니다. 이제 문제는 우리들입니다. 우리가 받은 이 용서의 은혜를 형제자매나 우리 이웃에게 전달해야 합니다. 그래야 하나님 나라의 희년이 실현됩니다. 받은 복 또한 나눌 때 하나님 나라의 복이 세계로 확대됩니다.

나라 간의 관계도 마찬가지입니다. 미국인에게, 제1세계에, 한국인에게 하나님은 그 복을 주셨습니다. 그런데 복은 복대로 다

받고 움켜쥐고 있거나, 심지어 다른 나라나 다른 사람의 것마저 빼앗으려고 합니다. 그것을 제국주의라 하고, 그러면 희년이 실현될 수 없습니다. 우리는 용서와 사랑과 자비와 나눔의 릴레이 경주를 하고 있습니다.

하나님이 불의한 재판관처럼 보일 때

밤중에 찾은 벗과 불의한 재판관 비유 [누가 11:5-8, 18:2-7]
너희 중에 누가 벗이 있는데 밤중에 그에게 가서 말하기를 "벗이여 떡 세 덩이를
내게 꾸어 달라. 내 벗이 여행 중에 내게 왔으나 내가 먹일 것이 없노라." 하면...
"나를 괴롭게 하지 말라. 문이 이미 닫혔고 아이들이 나와 함께 침실에 누웠으니
일어나 네게 줄 수가 없노라." 하겠느냐? 비록 벗 됨으로 인하여서는 일어나서 주
지 아니할지라도 그 간청함을 인하여 일어나 그 요구대로 주리라.
어떤 도시에 하나님을 두려워하지 않고 사람을 무시하는 한 재판장이 있는데 그
도시에 한 과부가 있어 자주 그에게 가서 "내 원수에 대한 나의 원한을 풀어 주소
서." 하되 그가 얼마 동안 듣지 아니하다가 후에 속으로 생각하되 "내가 하나님을
두려워하지 않고 사람을 무시하나, 이 과부가 나를 번거롭게 하니 내가 그 원한을
풀어 주리라. 그렇지 않으면 늘 와서 나를 괴롭게 하리라."

수상한 두 비유

예수님의 비유는 특이하게 쌍을 이루는 비유가 많습니다. 겨
자씨와 누룩 비유, 밭에 감추인 보화와 진주 비유, 잃은 양과 잃은
드라크마의 비유가 그렇고, 본문의 밤중에 찾아온 벗의 비유와 불
의한 재판관과 과부의 비유가 한 쌍입니다. 동일한 주제를 형태를
바꿔 전하여 강조하는 방식입니다.

이 두 비유는 기도에 대한 교훈들입니다. 밤중에 찾아온 벗의 비유는 일반적으로 구하고 찾고 두드리는, 계속해서 간청하는 기도의 교훈으로 해석합니다. 불의한 재판관과 과부의 비유에서는 불의한 재판관일지라도 과부가 매일같이 부르짖음으로 자신이 원하는 결과를 얻어냅니다. 모두 어떤 난관 앞에서도 실망하지 않고 기도할 것을 요청합니다.

그렇지만 이 비유들 또한 이상한 점이 있습니다. 기도에 응답하는 이유가 그렇습니다. 한밤중에 기습당한 주인이 떡 덩이를 내어주는 이유가 "벗 됨이 아니라 그 간청함 때문"11:8이라 말합니다. 친구이기 때문에 들어준다는 말이 더 괜찮아 보이지 않습니까? 불의한 재판관은 과부의 송사를 들어주는 이유를 자기가 괴롭기 때문이라고 합니다. 이보다는 정성이 갸륵해서라거나, 옳은 일에 대한 보상으로, 아니면 지극히 사랑하기 때문이라고 답하는 것이 일반적이지 않습니까? 기도를 이루어주는 동기가 정상적 이유를 벗어납니다.

더군다나 "하물며 하나님께서 오래 참으시겠느냐"18:7라는 비유의 결론에 비추어 볼 때 이 비유의 주인공들은 하나님을 연상시키는 인물들입니다. 그런데 왜 하필 하나님을 한밤중에 잠에 빠진 주인 또는 불의한 재판관과 같이 강퍅한 자로 비유합니까? 더 고상한 존재로 비유할 수 없습니까?

물론 비유의 기법 중에는 작은 것의 예를 들어 큰 것을 교훈하는 랍비적 방법이 있습니다. 예컨대 안식일에 위험에 빠진 양도 구하는데, 하물며 사람의 생명을 구하는 것이 잘못되었느냐는 식입니다. 여기서도 악한 자들도 그런데 하물며 하나님은 더 하시지 않겠느냐는 식의 해석으로 볼 수 있습니다. 그러나 그렇다 해도 하나님을 이처럼 모범적이지 않은 인물과 비교하는 것은 좋은 비교라할 수는 없습니다.

불의한 재판관

사실 예수님의 비유 가운데 등장하는 하나님의 모습은 긍정적이지 않은 경우가 의외로 많습니다. 사람들에게 기만당하는 왕이나 주인의 모습으로, 때로는 사람을 경쟁시키거나 이자를 요구하는 은행원으로, 때로는 품삯으로 분열을 조장하는 분으로 묘사됩니다. 또한 매우 자주 엄한 심판자요, 인색한 주인이나 왕의 모습으로 등장합니다. 이런 비유들만 본다면 예수님의 하나님 아버지에 대한 인식은 그리 경건해 보이지 않습니다. 탕자의 아버지와 같은 그런 사랑의 하나님이 아닙니다. 하나님은 멀리 있는 타자요 심판자처럼 보이고, 비유는 어떻게 저 폭군 같은 존재를 설득할 수 있는가에 초점이 맞추어져 있습니다.

어쩌면 그래서 더 현실적이고 더 인간적이라 할 수 있습니다.

예수님 비유의 목표는 하나님을 변호하는 데 있지 않습니다. 인간 편에 서서 함께 난관을 돌파하려는 자세입니다. 그 모습은 불의한 재판관과 과부의 비유에 잘 나타납니다. 불의한 재판관에 대해서 "어떤 도시에 하나님을 두려워하지 않고 사람을 무시하는 한 재판장이 있었다"18:2라고 표현합니다. 이 재판관은 스스로를 "내가 하나님을 두려워하지 않고 사람을 무시한다"4절라고 반복합니다. 이 재판관에게서는 정의나 자비를 전혀 기대할 수 없습니다. 바늘로 찔러도 피 한 방울 나오지 않을 사람입니다.

그런데 사실 우리 인생에서 하나님이 이 불의한 재판관처럼 느껴진 적이 없습니까? 내가 원하는 것을 들어주지 않을 때, 내 인생이 잘 풀리지 않을 때, 문제가 있는데 전혀 하나님이 도와주시지 않는 것 같을 때 우리는 하나님이 마치 벽처럼 느껴집니다. 의인이 억울하게 고난을 당할 때, 불의한 자가 여전히 큰소리를 치며 부귀를 누릴 때, 불의한 일이 민족과 가족을 덮치거나 역사가 후퇴하고 어리석은 일이 반복될 때 우리는 하나님의 정의를 의심하게 됩니다. 이때 우리는 낙담하고 포기하고 싶어집니다.

그런데 이 완고한 재판관을 무너뜨린 것은 과부의 집요함이었습니다. 어떤 과부에게 억울한 일이 생겼습니다. "내 원수에 대한 나의 원한"3절이라 말합니다. 과부는 가장 연약한 존재입니다. 과부가 직접 재판에 나선 것을 볼 때 이 여인은 도움을 받을 친척이나 지인이 없습니다. 어떤 힘센 자가 얼마 안 되는 과부의 재산이나 소중한 어떤 것을 빼앗으려 했던 것 같습니다. 재판관은 공정은 1도 찾아볼 수 없는 불의한 자입니다. 아마 뇌물을 받고서 자기 마음 내키는 대로 판결했을 것입니다. 사람을 무시하는 존재입니다. 힘이 없는 자들은 완전 무시를 당했을 것입니다. 돈도 백도 없는 이 여인이 할 수 있는 것이라고는 날마다 찾아가서 억울하다고 하소연하는 것뿐이었습니다.

과부가 날마다 법정에 와서 부르짖자 재판장이 이 여인을 무시할 수 없게 되었습니다. 그 여인의 집요함에 감동해서도 아니고, 정의나 자비의 마음이 생겨서도 아닙니다. 5절입니다. "이 과부가 나를 번거롭게 하니 내가 그 원한을 풀어 주리라 그렇지 않으면 늘 와서 나를 괴롭게 하리라" 번거롭다는 것은 자기를 괴롭힌다는 뜻입니다. '괴롭게 한다.'라는 헬라어 단어는 권투에서 계속적으로 가격하여 한쪽 눈을 멀게 할 정도의 괴로움이라는 뜻입니다. 재판관은 그 부르짖는 과부의 높은 음파의 소리에 귀가 먹어버릴 지경이 되었습니다. 아니면 과부의 부르짖음 때문에 자신의 불의나 통제하지 못하는 무능력이 드러나고, 이로 인해 자기 명예가 깎이는 것이 괴로웠을 수도 있습니다.

결국 집요한 자가 승리합니다. 하나님의 일도 마찬가지입니다. 그냥 하나님의 뜻이니까 힘쓰지 않아도 이루어진다? 그런 일은 흔하지 않습니다. 끊임없이 두들겨야 합니다. 우리의 기도는 언제까지입니까? 될 때까지입니다. 하나님을 괴롭게 하십시오. 하나님은 부르짖는 소리에 제일 취약합니다. 하나님이 언약을 성취하지 않는 것에 대해서, 하나님이 사랑을 실행하지 않는 것에 대해서, 하나님이 손안에 가득한 복을 나누어주지 않는 것에 대해서, 정의의 하나님이 정의를 외면하시는 것에 대해서, 불만을 제기하고 큰소리로 괴롭게 하십시오. 신사적으로, 이성적으로 승부해서는 답이 없습니다.

아마 얍복강에서 행한 야곱의 기도가 하나의 모범이 될 것입니다. 야곱은 날이 새도록 하나님을 붙잡고 씨름하였습니다. "당신이 내게 축복하지 아니하면 가게 하지 아니하겠나이다"창 32:26 하며 하나님의 바짓가랑이를 붙잡고 놓아주지 않습니다. 이 때문에 야곱은 이스라엘 곧 "하나님과 겨루어 이겼다."라는 영광스런 이름과 축복을 얻었습니다. 야곱의 선행이나 정의나 능력이 아니었습니다. 그의 욕망이, 그의 집요함이 하나님으로부터 약속을 받아내었습니다.

원하는 그 일이 악한 것이 아니라면 집요하게 구하십시오. 이런 점에서 예수님의 기도 교훈은 매우 현실적입니다.

밤중에 찾아온 벗

불의한 재판관과 과부의 비유 때문에 제대로 해석되지 않은 것이 이 밤중에 찾아온 벗의 비유입니다. 11장 8절의 '간청함'이라는 단어를 잘못 번역했습니다. 헬라어로 '아나이데이아'인데 '뻔뻔함' 또는 '수치스러움을 피함'이란 뜻이 더 정확합니다. 이 단어의 정확한 의미는 사건의 진실을 제대로 추적해야 알 수 있습니다.

밤중에 손님이 찾아왔습니다. 길도, 교통 시설도 좋지 않았던 고대 사회에서는 밤중에 손님이 찾아오기도 합니다. 가난한 집에서는 저녁을 먹고 나면 빵이 남아 있을 리 없습니다. 그래서 이 사람이 이웃집 문을 두드리며 떡 세 덩이를 꾸어달라고 합니다.

그런데 이웃집은 밤이 깊어 불을 끄고 가족들이 다 누워 잠에 들었습니다. 떡을 주기 위해서는 일어나 불을 켜고 식구들을 깨워야 합니다. 매우 번거롭습니다. 그렇다고 하여 이 주인이 번거로우니 떡을 줄 수 없다며 돌아가라 할 수 있습니까? 못합니다. 중동에서 손님 대접은 매우 중요한 예의입니다. 온 마을이 손님 접대에 참여하기도 합니다. 지금은 밤중이고 집들이 가까이 있어 이 두 사람의 대화는 그 옆집에 다 들립니다.

이 상황에서 주인이 외면하기는 쉽지 않습니다. 그래서 떡을 내어줄 수밖에 없는데, 내어주는 그 마음의 동기가 중요합니다. 8절입니다. "비록 벗 됨으로 인하여서는 일어나서 주지 아니할지라도 그 간청함을 인하여 일어나 그 요구대로 주리라" 여기 '간청함'은 잘못된 번역이라 말씀드렸습니다. '뻔뻔함' 또는 '수치를 면키 위해'가 더 정확한 번역입니다. 이 친구는 과부처럼 집요하게 여러

번 문을 두드리지 않았습니다. 단 한 번밖에 말하지 않았고, 잠을
깨울 정도로만 문을 두드렸을 뿐입니다.

여기 '그의' 간청함이라고 하여 소유격을 사용했는데 이 행동
의 주체는 문장 구조를 분석해 보면 '친구'가 아니라 '잠을 깬 주
인'입니다. 교차대구법이라는 수사법을 이용해서 8절의 문장을 분
석해 보면 다음과 같습니다.

그에게 주지 않을 것이다ª

일어나서ᵇ

그의 벗 됨을 인하여ᶜ

그의 간청함 때문에ᶜ'

일어나서ᵇ'

그에게 줄 것이다ª'

c와 c'의 주어는 동일하다고 보아야 하는데 문장 연결상 '그'
는 잠을 깬 주인입니다. 그러면 '그의 간청함'은 '그 자신의 수치스
러움을 피하기 위하여'라는 번역이 더 자연스럽습니다. 친구의 이
당연한 요구를 듣지 않고 번거롭다고 빈손으로 돌려보내면 마을
사람들이 그 주인을 부끄럽게 여길 것입니다. 행동의 동기가 친구
이기 때문에 그 소원을 들어준다가 아닙니다. 손님 접대를 소홀히
했다는 비난을 받을까 봐 자기 체면 때문에 그랬다는 말씀입니다.

결국 인간도 자기 명예나 체면 때문에 그 소원을 들어주는데, 하나님은 더 그러지 않겠느냐는 것입니다. 하나님 또한 명예를 소중히 여기시고, 부끄러움을 아시는 분입니다. 하나님 행동의 동기가 앞에서는 괴로움을 피하기 위해서요, 이번에는 자기 명예 때문입니다. 하나님의 마음을 안다면 인간 편에서의 효과적인 기도는 이 하나님의 명예를 자극하는 기도입니다.

이스라엘 역사에서 이런 모습의 하나님을 경험한 바 있습니다. 이스라엘이 바벨론에 포로로 끌려갔습니다. 시간이 흐른 후에 에스겔에게 하나님의 말씀이 임하였습니다. 이스라엘 해방의 약속이었습니다. 아마 이스라엘은 고국 시온으로 돌아가게 해달라고 끊임없이 기도했을 것입니다. 그때 주셨던 주님의 말씀입니다. "이스라엘 족속이 들어간 그 여러 나라에서 더럽힌 내 거룩한 이름을 내가 아꼈노라"겔 36:21 "여러 나라 가운데에서 더럽혀진 이름 곧 너희가 그들 가운데에서 더럽힌 나의 큰 이름을 내가 거룩하게 할지라"23절

이스라엘을 장차 해방시킬 것인데 그 이유가 이스라엘이 잘나서도 아니요, 또 이스라엘이 불쌍해서도 아니요, 이스라엘이 하나님의 벗과 같은 선택받은 백성이기 때문도 아닙니다. 가장 중심적인 동기는 하나님의 부끄러움입니다. 하나님의 명예 때문입니다. 하나님 백성인데 망가지고 포로가 된 이스라엘 모습은 하나님

의 부끄러움이고, 그래서 그들을 회복시켜 하나님의 명성을 되찾겠다는 것입니다.

인간의 희망은 바로 여기서부터 나옵니다. 하나님 나라는 반드시 승리할 것입니다. 왜요? 그 나라를 이루지 못하면 전능한 하나님의 부끄러움이 되기 때문입니다. 우주는 생명과 정의와 평화의 세계로 나갈 것입니다. 창조주 하나님의 명예 때문에 그렇게 되어야만 합니다. 하나님의 자녀는 결국 잘될 것입니다. 하나님의 자존심이 그의 자녀들이 부끄럽게 사는 것을 허락하지 않기 때문입니다.

우리의 기도는 하나님의 명예를 건드리고, 그 명예에 호소하는 집요한 기도가 되어야 할 것입니다. 예수님은 우리에게 하나님 다루는 법을 비유를 통해 가르쳐 주고 있습니다. 우리의 아버지이지만 때로는 낯선 분처럼 보이는 분으로 인해 절망하지 말 것을, 또한 그분을 어떻게 효과적으로 설득할 수 있는지를 알려주고 계십니다.

12

부자와 거지의 대역전극

부자와 거지 나사로의 비유 [누가 16:19-31]
한 부자가 있어 자색 옷과 고운 베옷을 입고 날마다 호화롭게 즐기더라. 그런데 나사로라 이름하는 한 거지가 헌데투성이로 그의 대문 앞에 버려진 채 그 부자의 상에서 떨어지는 것으로 배불리려 하매 심지어 개들이 와서 그 헌데를 핥더라. 이에 그 거지가 죽어 천사들에게 받들려 아브라함의 품에 들어가고, 부자도 죽어 장사되매 그가 음부에서 고통 중에 눈을 들어 멀리 아브라함과 그의 품에 있는 나사로를 보고 불러 이르되 "아버지 아브라함이여, 나를 긍휼히 여기사 나사로를 보내어 그 손가락 끝에 물을 찍어 내 혀를 서늘하게 하소서. 내가 이 불꽃 가운데서 괴로워하나이다."

나사로는 어떻게 천국에 갔나?

제가 시도하는 예수의 비유 뒤집기는 최신 비유 연구 성과에 근거합니다. 그 선두에 미국의 〈예수 세미나〉를 주도하는 크로산이라는 신약학자가 있습니다. 그는 비유의 위력에 대해 이렇게 서술합니다. "신화는 세상을 확립하고, 교훈담은 그렇게 확립된 세상을 변호하고, 행동(소설)은 세상을 논하고 묘사하며, 풍자는 세

상을 공격하며, 비유는 세상을 뒤집는다."《비유의 위력》

　문장마다 해석이 필요하지만, 간단히 설명하면 이렇습니다. 신화라는 것은 기존의 체제나 사상을 정당화하는 도구입니다. 교훈은 이를 바탕으로 어떻게 살아갈 것인가를 제시합니다. 소설은 이 틀을 배경으로 다양한 세상을 재구성합니다. 풍자는 그런 체계나 사상의 허점을 공격합니다. 그러면 비유는 뭐냐? 비유는 그런 세상이나 그 가치를 뒤집어버립니다. 그래서 〈예수 세미나〉 학자들은 비유에 대해서 '전복적'이니, '도전적'이라는 수식어를 붙입니다. 비유는 짧은 생활 이야기인데, 단지 어떤 교훈을 전하거나, 어려운 말씀을 풀어주는 예화 정도가 아닙니다. 교리를 흔들고, 가치를 흔들고, 문화를 흔듭니다.

　본문의 부자와 거지 나사로의 비유가 그렇습니다. 꼼꼼히 읽으면 우리를 당혹하게 하는 내용들이 많습니다. 먼저는 부자는 이름이 없고, 거지는 이름을 가지고 있다는 사실입니다. 예수님 비유에 등장하는 유일한 이름으로 거지의 이름은 '나사로'입니다. 반면에 이 부자는 자색 옷을 입을 정도로 신분이 높은데 이름이 없습니다. 우리는 반대로 세계 상위 100대 부자, 한국 몇 대 재벌들의 이름은 알고 한 번씩은 들었을 것입니다. 이에 비해 한국 최고 거지나 가난한 자의 이름은 들어본 적도 없고, 관심도 없습니다. 그러나 하나님이나 성서의 관심은 다릅니다. 거지인 나사로가 더 유명한 자요, 부자는 하나님 관심 밖입니다. 불쌍한 나사로의 안부를 매일같이 확인하다 하나님은 나사로의 이름을 기억하게 된 것이었을까요? 바울 사도가 신앙인을 향해 "무명한 자 같으나 유명한 자요"고후 6:9라고 말씀했는데, 바로 거지 나사로가 그렇습니다.

더 큰 충격은 부자가 지옥에 가고, 나사로가 천국에 간 이유입니다. 나사로는 왜 아브라함 품에, 곧 천국에 갔습니까? 믿음이 좋아서? 의인이라서? 천국에 갈만한 무슨 착한 일을 했습니까? 모두 아닙니다. 나사로는 '하나님이 돕는다'란 뜻이 있는데, 여기서 어떤 근거를 찾아보려 하지만 그냥 이름일 뿐입니다. 하나님이 돕는다라는 말을 역으로 사람에게 도움을 받지 못했다는 뜻으로 풀면, 그 불쌍한 처지가 더 두드러집니다.

천국에 가게 된 이유는 25절의 아브라함의 말에서 찾을 수 있습니다. "너는 살았을 때에 좋은 것을 받았고 나사로는 고난을 받았으니 이것을 기억하라. 이제 그는 여기서 위로를 받고 너는 괴로움을 받느니라" 나사로는 살았을 때 죽도록 고생했기에, 죽어서는 당연히 위로를 받아야 한다는 논리입니다. 굳이 따지자면 보상의 원리입니다. 인생이라는 무대에서 거친 배역을 맡은 자에게 주어지는 높은 보수와 같습니다.

하나님의 미안함이기도 합니다. 이는 이미 누가가 전한 평지 설교에서 예수님이 선포했던 바입니다. "너희 가난한 자는 복이 있나니 하나님의 나라가 너희 것임이요, 지금 주린 자는 복이 있나니 너희가 배부름을 얻을 것임이요, 지금 우는 자는 복이 있나니 너희가 웃을 것임이요"^{눅 6:20-21} 가난하고, 주리고, 우는 자는 바로 나사로입니다. 나사로에게 현세에서는 누리지 못했던 온갖 좋은 것들이 주어졌습니다.

우리는 나사로에게서 그가 천국에 갈 수 있는 다른 단서를 끊임없이 찾으려 합니다. 이런 식으로 그 귀한 천국이 주어지면 공정하지 않다고 생각하기 때문입니다. 바로 여기서 하나님의 판단과 사람의 기준이 충돌하고 있습니다. 아마 세상에 존재하는 수많은 종교 중에 이런 식으로 천국을 선사하는 곳은 아무 데도 없을 것입니다. 예수님 당시의 유대교 또한 그러했습니다. 천국은 율법을 잘 지키거나 순교해야 갈 수 있는 곳이었습니다.

탈무드의 한 예화입니다.^{j. Sahn. 6,6} 한 부유한 세리 바르 마얀이 죽었을 때 그 장례식이 화려했고 온 동네가 참여하여 슬픔을 나눴습니다. 반면에 한 가난한 서기관이 죽었는데 사람들은 그의 장례식조차 알지 못했습니다. 앞에서 나누었던 바르 마얀의 이야기는 이어지는 2부가 있습니다. 하나님은 그 가난한 서기관의 동료에게 꿈을 통해 죽은 뒤의 두 사람의 운명을 보게 하였습니다. 죽은 서기관은 생수가 흐르는 아름다운 낙원에 갔습니다. 반면에 세리 바르 마얀은 목이 말라 물을 마시려 하지만, 물가에 결코 다다를 수 없는 고통을 겪고 있었습니다.

가난한 서기관은 말씀을 연구하며 의롭게 살려 했다는, 천국에 가야 할 나름의 이유가 있습니다. 반면에 나사로는 도무지 그런 자격이 없습니다. 이것이 예수님의 비유가 주는 도전입니다. 천국의 기준을 인간이 결정하지 마십시오. 하나님의 몫입니다. 사실 모든 인생에는 다른 사람이 판단할 수 없는 나름의 이유가 있습니다. 하나님은 이에 맞는 합당한 보상을 하십니다.

부자는 왜 지옥에 갔나?

그러면 부자의 경우는 어떻습니까? 사실 이 비유의 주인공은 부자입니다. 나사로는 한마디 말도 없지만, 부자는 많은 말을 합니다. 사람들은 세상에서 성공한 사람이 죽어서 지옥에 가는 그림이 잘 그려지질 않습니다. 그러나 이 부자는 지금 지옥의 뜨거운 불 가운데서 고통을 당하고 있습니다. 부자는 왜 지옥에 가게 된 것입니까?

이 또한 아브라함의 말에서 답을 찾을 수 있습니다. "얘 너는 살았을 때에 좋은 것을 받았고 나사로는 고난을 받았으니 이것을 기억하라 이제 그는 여기서 위로를 받고 너는 괴로움을 받느니라"25절 살았을 때 좋은 것을 누렸기 때문이라 합니다. 19절입니다. "한 부자가 있어 자색 옷과 고운 베옷을 입고 날마다 호화롭게 즐기더라" 고운 옷 입고 호화롭게 잔치를 베풀며 흥청망청 산, 쾌락과 사치가 죄란 말입니까?

아닙니다. 죄는 항상 관계성입니다. 이 쾌락이 죄가 된 이유는 그 대문 앞에 나사로라는 거지가 있었기 때문입니다. "그런데 나사로라 이름하는 한 거지가 헌데투성이로 그의 대문 앞에 버려진 채 그 부자의 상에서 떨어지는 것으로 배불리려 하매 심지어 개들이 와서 그 헌데를 핥더라"20-21절 나사로는 몸에 피부병이 났고 대문 밖에 내버려졌습니다. 부자의 상에서 떨어지는 것은 빵 부스러기가 아닙니다. 그것이 얼마나 되겠습니까? 유대 사회에서는 빵으로 손을 닦기도 합니다. 손을 닦고 던져주는 더러운 빵입니다. 개들이 나사로의 상처를 핥았다는데 이는 어떤 위로의 행위가 아닙니다. 들개처럼 버려진 사나운 개들이고, 나사로는 개들의 먹잇감이 되는 매우 비참한 처지입니다.

부자의 죄는 가난한 자를 돕지 않았기 때문입니다. 나사로를 외면했기 때문입니다. 이로 보면 천국은 믿음으로 가는 나라가 아니라 자선으로 가는 나라입니다. 부자에 대해 예수님은 "낙타가 바늘귀로 들어가는 것이 부자가 하나님의 나라에 들어가는 것보다 쉬우니라"눅 18:25라고 말씀하신 바 있습니다. 부자는 재물에 매이고 욕심을 내다가 결국 그 재물을 제대로 사용하지 못하기 때문입니다.

그렇지만 이 바늘귀를 통과한 부자가 있습니다. 바로 삭개오입니다. 삭개오의 회개는 마음의 결단이나 예수님을 구주로 영접하는 그런 방식이 아니었습니다. "주여 보시옵소서 내 소유의 절반을 가난한 자들에게 주겠사오며 만일 누구의 것을 속여 빼앗은 일이 있으면 네 갑절이나 갚겠나이다"눅 19:8 이 행동 뒤에 예수님은 다음과 같이 선포합니다. "예수께서 이르시되 오늘 구원이 이 집에 이르렀으니 이 사람도 아브라함의 자손임이로다"19:9 삭개오는 자선으로 구원을 받았습니다.

부자가 지옥에 간 이유는 매우 뚜렷합니다. 좀 심하게 말하면 천국은 돈으로 가는 나라입니다. 어떻게요? 하나님께서 주신 재물을 탐욕으로 낭비하지 말고, 가난한 이웃을 위해 사용하는 것입니다. 물론 그 근저에는 예수님을 믿는 신앙이 전제되어 있습니다. 그래서 이 비유는 이미 믿음을 가진 신자들을 향한 경고입니다. 아니, 순종하는 자가 믿는 자입니다. 예수님의 말씀을 따르는 자가 참된 믿음을 가진 자입니다.

부자는 이미 지옥에 갔고, 이제는 살아 있는 우리를 향합니다. 이 부자가 이번에는 "나사로를 내 아버지의 집에 보내소서"27절 하고 아브라함에게 요청합니다. 그 이유는 아직 살아 있는 "내 형제 다섯이 있으니"28절라고 밝힙니다. 그들에게 죽은 나사로를 기적적으로 살려 보내면 그들이 믿을 것이라는 논리입니다. 그래서 예레미아스라는 이 비유 제목을 '육 형제의 비유'라 붙이기도 합니다. 지금 문제는 살아 있는 부자의 다섯 형제들입니다. 이들이 당장 깨달아야 하고 삶을 바꿔야 합니다. 이 육 형제는 바로 우리를 상징합니다. 우리 또한 이 생에서 어떻게 사느냐에 따라 영원이 결정될 것입니다.

부자는 죽은 나사로가 살아나는 기적을 보면 사람들이 믿을 것이라고 합니다. 아닙니다. 아무리 기적을 보여줘도 사람들은 그때뿐입니다. 더 큰 기적을 요구하거나, 곧 잊어버립니다. 자기 스스로 깨달음과 결단이 필요합니다. 그래서 주시는 말씀이 31절입니다. "모세와 선지자들에게 듣지 아니하면 비록 죽은 자 가운데서 살아나는 자가 있을지라도 권함을 받지 아니하리라" 천국에 들어갈 수 있는 조건은 어떤 신비에 싸여 있거나 까다로운 게 아닙니다. 이미 말씀에 계시 되었습니다. 그 말씀대로 살면 됩니다.

말씀에 "부한 자들을 명하여 마음을 높이지 말고 정함이 없는 재물에 소망을 두지 말고... 선을 행하고 선한 사업을 많이 하고 나누어 주기를 좋아하며 너그러운 자가 되게 하라. 이것이 장래에 자기를 위하여 좋은 터를 쌓아 참된 생명을 취하는 것이니라"딤전 6:18-19라고 기록되어 있지 않습니까? 이대로 지금 살면 됩니다.

대문 vs 구렁

사실 이 모든 것은 비유입니다. 실제가 아닙니다. 비유는 그림을 통해서 설명하는 방식일 뿐입니다. 그림이 실제는 아닙니다. '아브라함 품'은 위로와 안식을 상징하지, 실제 아브라함 품이면 수십억 명의 인류가 어떻게 그 품에 있겠습니까? 뜨거운 불과 목마름도 단지 고통을 상징하는 것일 뿐입니다. 아니 지옥은 실제 이보다 더한 고통일 수 있습니다.

은유와 상징이지만 좀 더 묵상하고 싶은 것은 26절의 구렁입니다. "너희와 우리 사이에 큰 구렁텅이가 놓여 있어 여기서 너희에게 건너가고자 하되 갈 수 없고 거기서 우리에게 건너올 수도 없느니라" 구렁은 헬라어로 '카스마'이고, 영어는 chasm캐즘이라 번역했는데, 아주 깊은 틈새와 심연을 뜻합니다. 이는 철회 불가능함, 영원한 단절을 의미합니다. 그런데 이는 한 번 죽은 이후에는 결코 돌이킬 수 없다는 교리를 우리에게 가르치려는 의도가 아닙니다. 삶의 절대적 중요성, 우리 삶에 주어진 기회를 놓치지 말라는 경고입니다. 성경에서 천국이나 지옥이 언급될 때는 보이지 않는 내세의 실상을 말하려는 데 있지 않습니다. 이 생에서 네가 어떻게 사느냐에 따라 영원이 결정된다는, 생의 무게에 더 강조점이 있습니다.

그러니 우리 인생을 낭비하지 마십시오. 현세는 아직 길이 열려 있습니다. "나사로라 이름하는 한 거지가 헌데투성이로 그의 대문 앞에 버려진 채"20절 구렁과 반대되는 개념이 이 '대문'입니다. 그냥 좁은 문이 아니라 성문을 방불할 정도로 큰 대문입니다.

대문은 소통과 연결의 공간이고, 지금은 활짝 열려 있습니다. 부자는 지금 바로 이 대문으로 나가서 나사로의 손을 잡으면 됩니다.

연대요 공동체성의 회복입니다. 지금 이것을 붙잡지 않으면 나중에는 구렁이라는 영원한 단절 가운데 외롭게 서게 될 것입니다. 부자는 결국 나사로 손가락 끝에 묻힌 물 한 방울의 도움도 얻지 못하는 구렁에 빠지고 말았습니다.

이는 우리 한국 사회의 부자를 향한 경고이기도 합니다. 지금 함께 손을 맞잡지 않으면 더 큰 고통을 맛보게 되고, 어떤 도움도 입지 못할 것입니다. 지금 작은 소자에게 주는 물 한 모금은 영원을 결정할 만큼 무겁고 위대합니다.

13

하나가 백보다 더 소중하다

잃은 양 비유 [누가 15:3-7]
너희 중에 어떤 사람이 양 백 마리가 있는데 그중의 하나를 잃으면 아흔아홉 마리를 들에 두고 그 잃은 것을 찾아내기까지 찾아다니지 아니하겠느냐? 또 찾아낸즉 즐거워 어깨에 메고 집에 와서 그 벗과 이웃을 불러 모으고 말하되 "나와 함께 즐기자. 나의 잃은 양을 찾아내었노라." 하리라

산에 두고, 들에 두고

이 비유는 다른 어떤 비유보다 '기독교의 핵심 정신과 가치'를 잘 보여줍니다. 짧은 비유이지만 이 그림을 통해 하나님이 어떤 분인지, 성육신은 왜 일어났는지, 사랑과 구원과 심판의 본질이 무엇인지, 또 세상과 싸울 교회의 결정적 무기는 어떠한 것인지 그 실마리를 제공합니다.

잃은 양 비유를 읽을 때 우리에게 제일 먼저 드는 의문은 잃은 양보다 나머지 99마리의 안전입니다. 목자가 길 잃은 한 마리 양을 찾아 나서는 것은 이해가 갑니다. 어느 목자든 그럴 것입니다. 그러나 나머지 99마리 양도 소중합니다. 그런데 예수님의 비유는 아랑곳하지 않고 4절에서 "그중의 하나를 잃으면 아흔아홉 마리를 '들에 두고' 그 잃은 것을 찾아"라고 말할 뿐입니다. 마태복음 비유에서도 "그중의 하나가 길을 잃었으면 그 아흔아홉 마리를 '산에 두고' 가서 길 잃은 양을 찾아"마 18:12라고 말씀합니다.

예수님의 말씀이 부족하다고 느끼기에 주석가들은 여러 상황 설명을 덧붙입니다. 예레미야스는 그의 책에서, 나머지 양들을 다른 목자에게 맡겼거나, 동굴에 안전하게 두었을 것이라고 해명합니다. 그렇다면 예수님은 애초부터 왜 이런 설명을 덧붙이지 않았을까요? 아니면 '산에 두고, 들에 두고'를 빼는 것은 어떻습니까? 그게 더 자연스럽지 않습니까? 누가복음 본문의 '들'은 그냥 들판이 아니라, 헬라어 '에레모스'로 '광야'입니다. 그냥 놔두면 다 죽습니다.

유대교에도 이와 유사한 비유가 있는데 예수님의 비유와는 다릅니다. 창세기 39장의 요셉이 애굽에 팔려간 상황을 설명하는 악가다식 비유입니다.창세기 Rabbah 86,4 한 포도주 상인이 열두 마리 소를 몰며 장사를 하고 있었습니다. 그런데 그 중 한 마리가 이탈하여 부정한 이방인의 땅으로 들어갔습니다. 이 상인은 나머지 11마리를 사람들이 [훔치거나] 부정해질 수 없는 광장에 놔두고, 잃어버린 한 마리 소를 찾아 나섰습니다. 이를 통해 하나님이 요셉을 따라가서 보호하셨고, 그렇다고 해서 나머지 11명도 버리지 않았다는 이야기식 풀이입니다.

이와 비교하면 99마리를 '산에 두고', '들에 두고'를 굳이 표현한 예수님의 비유는 의도가 있어 보입니다. 바로 목자의 다급함입니다. 잃은 양을 향한 목자의 사랑은 애가 달을 정도이고, 나머지 99마리는 그의 안중에도 없습니다. 그런데 비유가 아니라 사랑의 실상이 그렇습니다. 자녀가 물에 빠지면 수영을 못하는 부모라도 뛰어들려 합니다. 자기 능력이나 일이나 남은 자녀나 그것을 계산할 정신이 없습니다.

맹목적 사랑이란 말이 있습니다. 맹목盲目, 즉 눈이 멀었다는 뜻입니다. 자녀가 전쟁터에 있으면 전쟁터에라도 달려가는 사랑입니다. 연약한 몸으로 전쟁터에서 무엇을 하겠습니까? 그러나 그런 어머니의 사랑이 있기에 사람들의 인간성이 회복됩니다. 실제 어머니의 눈물이 평화를 만듭니다.

마찬가지로 하나님의 사랑은 눈먼 사랑입니다. 나비를 쫓다가 길을 잃는 아이와 같습니다. 한곳에 몰두하면 다른 것이 보이지 않습니다. 하나님이 인간의 몸을 입는 성육신이 이렇게 해서 일어났습니다. 예수님은 본래 하나님이시지만 그 권위와 영광을 버리고 인간세계로 뛰어드셨습니다. 죄와 사망으로 죽어가는 인간을 도무지 두고 볼 수 없었기 때문입니다. 사랑이 하나님이라는 신성도 잊을 정도로 눈멀게 했습니다. 그것이 사랑입니다.

그래서 사랑은 능력이 있습니다. 사랑은 곧장 행동화되기 때문입니다. "그 잃은 것을 찾아내기까지 찾아다니지 아니하겠느냐"4절 계산할 시간에 먼저 뛰어듭니다. 계산하다 보면 시간이 늦습니다. 계산의 결과는 '아직은 아니다.'라거나 '답이 안 나온다.'일 경우가 많습니다. 사랑은 무모하게 뛰어드는데 결국 답을 찾아 냅니다.

99 vs 1

본문의 비유는 구십구와 하나가 맞서고 있습니다. 99마리는 들에 두고, 잃은 양 한 마리를 찾습니다. 목자에게는 이 하나가 더 소중합니다. 7절에서는 회개할 것 없는 99명의 의인보다 회개하고 돌아온 죄인 한 명이 주는 기쁨이 더 크다고 합니다. 사람들은 큰 것, 많은 것, 강한 것을 좋아합니다. 그러나 잃은 양 비유는 작은 것, 약한 것, 하나가 더 소중하다고 말씀합니다.

자본주의 사회에서는 하나를 버리고 99를 택합니다. 99를 위해서 하나를 희생하는 것을 당연하게 생각합니다. 불량인 하나를 제거해야 나머지 99가 안전하다고 생각합니다. 그런데 예수님의 생각은 이와 다릅니다. 하나를 잃으면 나머지 99의 안전도 보장할 수 없습니다. 99의 생명을 보존하게 하는 것은 이 하나를 향한 목자의 사랑입니다. 그 하나가 실은 자기 자신이 될 수도 있습니다. 가장 힘없는 양을 저토록 사랑하는 목자의 모습에서 양들은 얼마나 든든하겠습니까? 자신이 늙고, 힘없어도 목자가 자신을 지켜줄 것이라는 믿음이 있습니다.

실제 99는 이 하나를 살리기 위해 존재합니다. 우리 몸이 그러합니다. 한 곳이 망가지면 이것을 수리하기 위해 온 세포가 반응을 합니다. 이 하나가 무너지면 온몸 또한 무사할 수 없습니다.

오늘의 세상을 장악한 경쟁과 효율성 중시, 강자독식, 인간의 물신성이라는 이 거대한 가치들을 여지없이 깨뜨리는 공중에 뜨인 돌다니엘 2:45이 있습니다. 바로 잃은 양 하나, 작은 소자 한 사람을 소중하게 생각하는 예수님의 가치관입니다. 한 사람을 소중히 여기는 마음이 자본주의의 심장을 강타합니다.

인도 콜카타의 마더 테레사Mother Teresa는 고아와 병든 자들을 돌보며 20세기의 성녀로 추앙받았습니다. 각양각색의 많은 사람을 상대하는 고단한 삶이었지만 마더 테레사를 만났던 사람들의 공통된 고백이 있습니다. 테레사 수녀와 함께 대화를 나누다 보면 자신이 존중받고 있다는 느낌이 든다는 것입니다. 테레사 수녀가 온전히 자신 한 사람에게 집중하기 때문입니다. 테레사 수녀의 〈한 번에 한 사람만〉One person at a time이라는 교훈은 한 사람을 소중히 여기는 마음이 무엇인지를 잘 보여줍니다.

> 나는 결코 대중을 보지 않습니다. 나는 한 개인을 봅니다.
> 나는 한 번에 한 사람만 사랑할 수 있습니다.
> 단지 한 사람, 한 사람, 한 사람만.
> 그러면 당신도, 나도 시작할 수 있습니다.
> 내가 그렇게 그 한 사람을 구하지 않았다면,
> 나는 4만 2천 명을 구할 수 없었을 것입니다.
> 그 모든 일은 바다에 물 한 방울 떨어뜨리는 것과 같습니다.
> 그러나 내가 그 한 방울을 떨어뜨리지 않았다면 바다는 그만큼 줄었을 것입니다.
> 당신도, 가족도, 교회도, 공동체도 당장 시작하십시오.
> 한 사람, 한 사람, 한 사람씩.

잃은 양은 누구?

여기 잃은 양은 누구입니까? 누가복음에서는 '세리와 죄인'을 뜻합니다. "모든 세리와 죄인들이 말씀을 들으러 가까이 나아오니 바리새인과 서기관들이 수군거려 이르되 이 사람이 죄인을 영접하고 음식을 같이 먹는다"눅 15:2라는 말씀을 배경으로 비유가 전개됩니다. 이들은 유대 사회에서 차별받고, 소외된 존재들입니다. 비주류들이고, 소수자들입니다.

마태복음 비유의 맥락은 좀 다릅니다. "이 작은 자 중의 하나라도 잃는 것은 하늘에 계신 너희 아버지의 뜻이 아니니라"마 18:14라는 결론이 비유의 말미에 붙습니다. 작은 소자가 잃은 양입니다. 작은 소자는 교회에서 이탈한 양들입니다. 이 양은 세상의 유혹에 이끌려갔을 수 있습니다. 교회의 잘못 때문에 실망해서 떠난 양일 수도 있습니다. 아니면 경제적으로, 정신적으로 고통을 당하고 있는 지체일 수도 있습니다. 이들의 목소리를 무겁게 받아들여야 합니다.

마태복음 18장 전체는 '교회론'이라는 제목을 붙일 수 있습니다. 마태복음에서 제시하는 교회 성장학 또는 교회 조직론에 해당합니다. 그런데 주님은 교회를 교회답게 하는 것은 어떤 경영학이나, 선교의 열정이나, 뛰어난 조직론이 아니라고 합니다. 작은 소자를 소중히 대하는 마음, 여기에 교회의 생명이 있습니다. 이것이 교회를 살리는 힘입니다. 이외에 교회에 필요한 다른 경영학은 없습니다.

지금 한국교회는 정체 내지 퇴보의 길을 걷고 있고, 교회의 타

락상은 드라마의 빈번한 소재가 될 정도로 사회적 비난이 팽배합니다. 이때 교회가 취해야 할 태도가 무엇입니까? 적극적 방어입니까? 회개와 부흥을 위한 기도입니까? 복음과 선교 열정의 회복입니까? 아닙니다. 예수님의 비유에 답이 있습니다. 잃은 양, 곧 작은 소자를 소중히 여기는 마음과 행동입니다. 그것으로 충분합니다. 작은 소자를 잃어버린 교회는 불행한 교회입니다. 강자들만의 교회는 곧 부패할 것입니다.

길 잃은 양은 교회적 맥락을 벗어나 사회를 향합니다. 마태복음에서는 작은 소자가 가난한 자로 확대됩니다. 최후의 심판 비유에서 하나님은 "여기 내 형제 중에 지극히 작은 자 하나에게 한 것이 곧 내게 한 것이니라"마 25:40라고 말씀합니다. 그 예로 드는 사람들은 주린 자, 목마른 자, 나그네 된 자, 헐벗은 자, 병든 자, 옥에 갇힌 자입니다. 통칭 가난한 자라 불리는 사람들입니다. 전체는 소수를 위해 존재합니다. 소수자를 대하는 태도는 그 사회의 건강성을 가늠하는 지표입니다. 그런 사회가 행복하고, 인간성이 살아 있습니다.

요즘 대학가가 비전을 잃고, 청년이 활기를 잃은 이유는 작은 소자를 바라보지 않기 때문입니다. 이들을 '루저'실패자로 규정하고 오히려 강자를 동경합니다. 〈도마복음〉 107번의 '잃은 양 비유'는 인간의 이런 심리를 이용하고 있습니다. 도마복음 비유의 잃은 양은 1백 마리 중 가장 '큰 양'이었기에 목자는 힘들게 수고하여 이 양을 찾아다녔습니다. 그 양을 찾고서 목자는 양에게 이렇게 말합니다. "내가 너를 다른 아흔 아홉의 양보다 더 사랑한다."

도마복음에서는 영지주의적 깨달음이나 금욕주의자가 이상적 모델이기에 아마 잃어버린 '큰 양'은 이를 상징할 것입니다. 이렇게 함으로써 자기 종파의 이상을 잘 설파했을는지 모르겠지만 예수님의 핵심적 메시지가 변질되었습니다. 하나님의 사랑은 강하고 능력 있는 것들이 아니라 작고 소외되고 연약한 것을 향하고 있습니다. 이것이 하나님의 사랑이고, 교회가 실천해야 할 사랑의 방향입니다.

14

순종하는 자가 믿는 자다

최후 심판의 비유 [마태 25:31-46]
인자가 자기 영광으로 모든 천사와 함께 올 때에 자기 영광의 보좌에 앉으리니, 모든 민족을 그 앞에 모으고 각각 구분하기를 목자가 양과 염소를 구분하는 것 같이 하여 양은 그 오른편에 염소는 왼편에 두리라... 의인들이 대답하여 이르되 "주여, 우리가 어느 때에 주께서 주리신 것을 보고 음식을 대접하였으며 목마르신 것을 보고 마시게 하였나이까, 어느 때에 나그네 되신 것을 보고 영접하였으며 헐벗으신 것을 보고 옷 입혔나이까, 어느 때에 병드신 것이나 옥에 갇히신 것을 보고 가서 뵈었나이까?" 임금이 대답하여 이르시되 "내가 진실로 너희에게 이르노니 너희가 여기 내 형제 중에 지극히 작은 자 하나에게 한 것이 곧 내게 한 것이니라."

칭의론 vs 행위 구원

교리에 경중은 없지만 그래도 개신교 최고의 교리는 무엇일까요? 그것은 칭의론稱義論입니다. 종교개혁자 루터Martin Luther는 "교회가 서고 넘어지는 결정적 교리", "기독교 교리의 요약"이라고까지 말합니다. 칭의론은 단순합니다. 우리의 구원이 선행이나 고행이나 어떤 의식에 의해서가 아니라, 오직 예수 그리스도를 믿음으로 이루어진다는 것입니다. 이 칭의론이 중세 가톨릭을 무너뜨렸습니다. 칭의론을 극단화한 것이 "예수 천당, 불신 지옥"입니다.

그런데 본문의 최후 심판 비유가 이 칭의론을 뒤흔들고 있습니다. 천국이라는 영생의 나라에 들어가는 것과 지옥불이라는 영벌을 결정하는 것은 행위입니다. 40절과 41절을 보십시오. "여기내 형제 중에 지극히 작은 자 하나에게 한 것이 곧 내게 한 것이니라" 하면서, 그렇게 선행을 베풀지 않은 자들에게 "저주를 받은 자들아 나를 떠나 마귀와 그 사자들을 위하여 예비된 영원한 불에 들어가라"라고 말씀하지 않습니까?

개신교인들은 이 비유를 읽을 때마다 곤혹스럽습니다. 아무리 읽어도 천국과 지옥을 결정하는 것은 선행이기 때문입니다. 어떻게 칭의론과 조화를 시킬 수 있을까요? 개혁교회의 창시자 칼빈 Jean Calvin의 해석이 하나의 해법을 제시합니다. 《기독교강요》에서 내린 결론입니다. "그리스도는 모든 사람에게 그들의 행위에 따라 갚으신다. 왜냐하면 각 사람은 그의 행위에 의하여 신자인지 불신자인지 증명할 것이기 때문이다." 행위로 구원받는다는 것이 아니고, 그 행위가 우리의 믿음을 증명하고, 그 믿음으로 구원받는다는 뜻입니다. 본회퍼는 단순하게 그의 책 《나를 따르라》에서 "순종하는 자가 믿는 자이다."라고 말합니다.

우리는 '믿음'을 오해합니다. 믿음은 어떤 교리나 지식을 받아들이는 결단이 아닙니다. 예수를 믿는다는 것은 예수님을 주님으로 모신다는 것을 말합니다. 그래서 믿음은 예수님을 향한 '충성'으로 바꿀 수 있습니다. 예수님이 지극히 작은 소자를 소중히 대하라고 말씀하시고 중요하게 생각하시니, 우리는 이 말씀에 충성합니다. 그러므로 순종하는 자가 바로 믿는 자입니다. 예수님의 말을 따르지 않는 자는 예수님을 사랑하는 자도, 믿는 자도 아닙니다.

이는 산상수훈 말씀의 결론이기도 합니다. "나더러 '주여, 주여' 하는 자마다 다 천국에 들어갈 것이 아니요, 다만 하늘에 계신 내 아버지의 뜻대로 행하는 자라야 들어가리라"마 7:21 여기 '주여, 주여' 하는 자는 행함이 없이 입술로만 믿는 잘못된 믿음을 가진 자를 말합니다. 자기 기준으로 어떤 종교적 열심이나 행위를 믿음으로 정해놓고 따르는 것은 믿음이 아닙니다. 하나님이 원하시는 것을 행하는 것이 하나님을 믿는 것입니다.

우리가 어느 때에

이 비유가 파격적인 것은 '양'으로 분류되는 의인이나, '염소'의 무리로 분류되는 저주받은 자들이 자신이 구원받거나 심판받는 이유를 모른다는 점입니다. 모두 "주여, 우리가 어느 때에 그랬느냐?"37, 44라고 반문합니다. 의인이나 악인의 공통적인 이 놀람은 그 의미가 다릅니다. 의인의 놀람은 기쁨이요, 악인의 놀람은 당혹감입니다.

의인의 놀라움은 자신들은 주님의 말씀을 따라서 가난한 자와 지극히 작은 소자를 돌봤을 뿐인데 주님이 그 가운데 계셨다고 하기 때문입니다. 그들은 부지 중에 천사를 대접했습니다. 이는 그들이 오른손이 하는 일을 왼손이 모르게 도왔기 때문입니다. 자신들이 행했던 사랑이나 봉사를 자랑하거나, 마음에 담아두지 않았습니다.

이들이야말로 '혼인 잔치 비유'마 25:1-13에서 기름을 예비한 지혜로운 다섯 처녀와 같습니다. 이 기름은 성령이나 기도의 기름이 아닙니다. 선행이요 자비의 기름입니다. 평소에 미리 준비하고 쌓아놓았기에 신랑이 언제 도착하든 혼인 잔치에 참여할 수 있습니다. 이들은 빛의 자녀이기에 주님이 도적같이 온다고 할지라도, 그 영광스런 잔치에 참여할 준비가 되어 있습니다.살전 5:4-5

반대로 저주받은 자들의 놀람은 당혹감입니다. 그들은 자신들이 행한 악 때문이 아니라 행하지 않은 선행으로 심판을 받습니다. 일반 종교에서 보통 심판은 선행과 악행의 양을 비교하는 방식으로 진행됩니다. 선행의 양이 많으면 천국이요, 악행의 무게가 크면 지옥입니다. 그러나 예수님의 비유나 말씀에서는 선행을 하지 않은 것이 죄가 된다는 점에서 파격적입니다. 부자와 거지 나사로의 비유에서 부자는 악행을 행해서가 아니라, 선행을 하지 않았기에 지옥에 떨어졌습니다.

이들은 종교적 의식이나 종교적 행위에 주님이 계실 것이라 착각했습니다. 정의와 진실과 가난한 자에 대한 사랑이 없는 종교 행위에 대해 이사야가 "내 마당만 밟을 뿐이니라"사 1:12라고 책망하고, 예레미야가 "이것이 여호와의 성전이라, 여호와의 성전이라, 여호와의 성전이라 하는 거짓말을 믿지 말라"렘 7:4라고 통렬하게 질책해도 깨닫지 못했습니다. 구약시대나 신약시대나 '인애나 자비' 곧 헤세드를 실천하는 곳에 주님은 함께하십니다.

유대교 미쉬나에서 전하는 기원전 3세기의 사제 의인 시므온 Simeon the Just의 말입니다. Pirkei Avot 1:2 "세상은 다음 세 가지 위에 서 있다: 토라말씀, 아보다노동 또는 예배, 헤세드자비" 토라는 모세 오경 곧 하나님 말씀이고, 아보다는 노동 또는 예배의 의미이고, 헤세드는 사랑, 자비입니다. 세상을 유지하는 힘은 바로 이 헤세드에 있습니다. 헤세드가 없는 세상이 바로 지옥입니다.

지극히 작은 자

비유의 '지극히 작은 자'는 단지 교회 내의 형제자매만을 가리키지 않습니다. 세상의 모든 곤궁한 자들과 가난한 자들입니다. 32절에 "모든 민족을 그 앞에 모으고"라는 말씀에서 잘 알 수 있습니다. 지금 심판 대상은 모든 인류입니다. 여기서 믿는 자냐 믿지 않는 자냐라고 따지는 순간 우리는 주님을 놓치고 맙니다.

지극히 작은 소자가 누구인지 모를까 봐 주님은 그 사례를 낱낱이 나열하며, 여러 번 반복합니다. "내가 주릴 때에 너희가 먹을 것을 주었고, 목마를 때에 마시게 하였고, 나그네 되었을 때에 영접하였고, 헐벗었을 때에 옷을 입혔고, 병들었을 때에 돌보았고, 옥에 갇혔을 때에 와서 보았느니라"35-36절 동일한 형태로 37-39절, 42-43절, 44절에서 모두 네 번 반복합니다. 예수님은 지금 귀에 못이 박히도록 말씀하고 있습니다. 더 이상 핑계할 수 없습니다. 주님은 우리가 받은 달란트나 물질을 가지고 지극히 작은 소자를 섬기길 원합니다.

예수님이 요구하는 헤세드에서 특이한 것은 여섯 번째 "옥에 갇혔을 때에 와서 보았다."라는 말씀입니다. 일반적 복지 수준을 넘어 정치적 영역까지 언급합니다. 사실 고난이나 고통은 공과 사, 개인과 정치영역을 가리지 않습니다. 지극히 작은 자로, 위축된 모든 영혼을 돌보는 것이 헤세드입니다. 교회의 정치참여는 교권이나 이념이나 어떤 이익을 위한 목적으로 행해져서는 안 됩니다. 교회에는 작은 소자의 권리나, 불법한 행위로 억울한 일을 당한 자를 신원하기 위한 정치참여만 허락될 뿐입니다.

초대교회는 이 말씀을 실제로 실천했습니다. 4세기의 '사막의 성자'라 불리는 파코미우스Pachomius의 회심 과정이 그러했습니다.

20세에 군대에 강제 징집되어 알렉산드리아로 호송되던 중 잠시 테베라는 마을에 머무르게 되었습니다. 밤중에 어떤 이들이 찾아와서 포로로 끌려가는 자신에게 음식을 주고 도움을 베풀었습니다. 알고 보니 그리스도인들이었습니다. 감동한 파코미우스는 "오 하나님, 만일 당신이 저를 이 곤경에서 구해주신다면, 당신 이름을 위해 사람들의 봉사자가 되겠습니다."라고 기도했습니다. 파코미우스는 그 길로 이교도에서 신앙인으로 돌아섰고, 사막의 수도사가 되었습니다.

내게 한 것이니라

40절의 "너희가 여기 내 형제 중에 지극히 작은 자 하나에게 한 것이 곧 내게 한 것이니라"라는 말씀은 교회사에서 많은 영감을 주었습니다. 4세기에 가난한 자들의 성자라 불리는 마틴Saint Martin이 있습니다. 지금도 독일에서는 11월 11일에 성 마틴을 기념하는 등불 축제를 엽니다. 마틴은 군인이었는데 어느 추운 겨울 벌거벗은 거지를 보았습니다. 나눌 것이 없어 자기 망토를 절반 잘라서 주었습니다. 그런데 그날 밤 꿈속에서 마틴은 자신의 반쪽 망토를 걸친 예수님을 보았습니다. 예수님이 천사들과 대화하며 "마틴이 내게 준 것일세!" 하는 말을 들었습니다. 이 체험 후 마틴은 군인을 포기하고 사제의 길을 걸었습니다. 마틴의 이 체험은 톨스토이나 많은 소설가들에게 영감을 주었습니다.

최후의 심판 비유 말씀을 현대 사회에 실천한 인물로 인도 콜카타의 성녀 마더 테레사를 들 수 있습니다. 테레사 수녀에게는 '제2의 부르심'이라는 사건이 있습니다. 테레사 수녀가 인도에서 다르질링을 향한 기차를 타고 가면서 마태복음 25장을 읽다가 감동을 받았습니다. 테레사는 그 순간을 다음과 같이 회상하였습니다. "'지극히 작은 자 하나에게 한 것이 곧 내게 한 것이니라.' 그 성서 말씀이 폐부 깊숙이 꿰뚫는 것 같았다. 거룩한 말씀의 광채 앞에서 다메섹 도상의 사도 바울처럼 멈추어 서서 주님의 목소리에 귀를 기울일 수밖에 없었다."《소박한 기적》

서른여섯에 이 체험을 하였고, 테레사 수녀는 곧장 가난한 자들이 있는 콜카타로 달려가 그곳에서 평생을 헌신했습니다. 테레사 수녀는 가난한 사람들이나 나병환자들을 대할 때의 마음가짐을 이렇게 말합니다. "가난한 사람들 한 사람 한 사람 안에서 예수님을 보십시오. 성체 안의 예수님을 만지듯 부드럽게, 헌신하는 마음으로 만지십시오. 그리고 온 마음을 다해, 당신의 모든 능력을 다해 예수님을 섬기십시오."《소박한 기적》

테레사와 함께했던 수녀들 또한 이러한 태도로 봉사하였습니다. 그래서 그들에게는 봉사가 곧 예배였습니다. 이들은 피곤할 때마다 서로 손가락 다섯 개를 차례대로 하나씩 구부리는 손인사를 주고받았다고 합니다. 이는 "You/did/it/to/me"라는 다섯 개의 영어 단어로, 본문 말씀의 "(지극히 작은 자들에게 한 것은) 곧 내게 한 것이니라."라는 의미입니다.

민중신학은 이 구절을 매우 좋아합니다. 예수가 민중이고, 민중이 예수가 되는 근거가 되기 때문입니다. 지극히 작은 자는 민중이고, 지금 주님이 민중의 모습으로 나타나셨습니다. 민중과 예수를 동일시하는 것은 신학적으로 문제가 있습니다. 그렇지만 지극히 작은 자들인 민중을 위한 투쟁은 어느 정도 신성함을 담고 있습니다. 그 가운데 주님이 계시기 때문입니다.

마찬가지로 노동이 기도가 되고, 봉사가 예배가 되고, 투쟁이 예배일 수 있습니다. 영이신 하나님이 때로는 지극히 작은 소자의 모습으로, 또는 일상적인 삶의 현장에 나타나시기 때문입니다. 삶을 위한 투쟁이나 사랑은 신성합니다. 종교적 행위에만 주님이 계신 것이 아닙니다. 주님을 모시는 것, 그것이 예배라면 우리 삶의 현장이 바로 예배 사건이 일어나는 곳이 될 수 있습니다. 그것을 의식하고, 느끼고, 체험하고 있다면 우리의 투쟁이나 노동이나 봉사가 우리 영혼을 고갈시키는 것이 아니라 더 풍성하게 할 것입니다. 사랑을 쏟으면 쏟을수록 우리 영혼은 더 풍요롭습니다. 그만큼 예수로 채워지기 때문입니다.

15
악한 포도원 농부를 위한 변명

악한 포도원 농부의 비유 [마가 12:1-9]
농부들에게 포도원 소출 얼마를 받으려고 한 종을 보내니 그들이 종을 잡아 심히 때리고 거저 보내었거늘... 이제 한 사람이 남았으니 곧 그가 사랑하는 아들이라 최후로 이를 보내며 이르되 "내 아들은 존대하리라." 하였더니 그 농부들이 서로 말하되 "이는 상속자니 자 죽이자. 그러면 그 유산이 우리 것이 되리라." 하고 이에 잡아 죽여 포도원 밖에 내던졌느니라. 포도원 주인이 어떻게 하겠느냐?

바보 주인

어떤 사람이 포도원을 만들었습니다. 주인은 이 포도원에 온 갖 정성을 다 들였습니다. 귀한 포도나무를 심었습니다. 짐승들이 들어오지 못하도록 산울타리를 둘렀습니다. 포도즙을 짜기 위한 포도주 틀을 만들었습니다. 도적의 침입을 막기 위해 망대도 세웠습니다. 모든 것을 갖춘 후에 주인은 농부들에게 세를 주고 먼 타국으로 떠났습니다. 문제는 시간이 흘러 포도 수확철에 발생했습니다.

주인은 소작농들에게서 소출의 얼마를 받으려고 종을 보냈습니다. 그런데 농부들은 그 종을 심히 때리고 빈손으로 돌려보냈습니다. 주인은 당황했습니다. 농부들이 주인의 종인 줄 모르고 그랬을 거라 생각했을는지 모릅니다. 실제, 동일한 비유를 전하는 〈도마복음〉에서는 주인이 종에게 "아마 그들이 너를 알아보지 못했을 것이다."라고 말합니다. 주인은 이어서 두 번째 종을 보냅니다. 농부들은 이번에는 이 종의 머리를 때리고 모욕했습니다. 이들은 공공연히 주인을 대적하고 있습니다. 고대 지중해 지역은 명예와 수치를 중요하게 생각하는 문화권입니다. 농부들의 행위는 주인의 권리와 명예를 무시하는 행태로 당연히 보복을 받아야 합니다. 그러나 주인은 전혀 그런 감정이나 태도를 내색하지 않습니다. 세 번째 종을 보냈는데 농부들은 급기야 이 종을 죽이기까지 합니다.

흔히 비유는 세 번으로 그치는데 주인은 그 외에도 다른 많은 종을 보냈고, 그때마다 더러는 때리고 더러는 죽임을 당했습니다. 이 정도면 주인은 분노하고 무언가 조치를 취해야 합니다. 주인은 마치 바보 같습니다. 아마 이 비유를 듣던 청중들이나 제자들이 더 난리가 났을 것입니다. "아니, 예수님 세상에 그런 배은망덕한 놈들이 어디 있습니까? 그런 놈들을 가만 놔두어서는 안 됩니다." 그런데 주인은 더 바보 같은 짓을 벌입니다. 자기 아들을 보내며 이렇게 말합니다. "최후로 사랑하는 아들을 보내며 이르되 내 아들은 공경하리라"6절 악한 농부들은 그 아들마저 죽이고 맙니다.

농부들이나 주인이나 모두 지금 상식 밖의 행동을 하고 있습니다. 우리 같으면 한 번 종을 보냈을 때 듣지 않으면 바로 조치를 취했을 것입니다. 군대를 보내거나 그들을 당국에 고발해서 포도원 운영을 다른 사람에게 맡겼을 것입니다. 그러나 주인은 세 번 네 번 참으며 계속해서 종들을 보냅니다. 급기야 자기 아들을 보내기까지 합니다. 이 주인은 바보인가요? 네 맞습니다. 그런데 비유의 결론을 보면 이 주인은 바로 우리 하나님을 상징합니다. 인간들은 저항하고 오히려 공격하지만, 하나님은 끝까지 믿고 신뢰합니다. "내 아들은 존대하리라" 하며 최후의 순간까지도 그들의 선한 반응을 기대합니다.

바보 같은 사랑입니다. 주인은 그 사랑 때문에 자기의 가장 소중한 것을 잃었습니다. 이는 속 썩이는 패륜아를 둔 부모의 사랑과 같습니다. 부모는 알면서도 속습니다. 이유는 단 하나 사랑 때문입니다. 노벨 문학상 수상 작가 토마스 만P. Thomas Mann은 그의 소설에서 이렇게 말합니다. "가장 많이 사랑하는 사람은 항상 패배자이며, 처참한 고난을 겪어야 한다."〈토니오 크뢰거〉

하나님은 패배했습니다. 하나님은 배반당했습니다. 십자가는 하나님이 패배하여 쓰러진 곳입니다. 사랑하는 그의 아들이 죽임을 당한 곳입니다. 그러나 역설적으로 이 십자가가 우리를 살립니다. 이 무능함이, 이 미련함이, 이 끝없는 신뢰가 우리 영혼을 살립니다. 예수님의 비유는 하나님의 사랑으로 전개된 구원사를 압축하고 있습니다.

악한 포도원 농부들

그러나 주인의 인내에도 한계는 있습니다. 그 아들마저 죽이자 주인은 더 이상 참지 못합니다. 9절입니다. "포도원 주인이 어떻게 하겠느냐? 와서 그 농부들을 진멸하고 포도원을 다른 사람들에게 주리라" 갑자기 바보 주인이 능력자로 돌변했습니다. 사랑 때문에 바보가 되었는데, 이제 본래 주인이 가진 힘을 제대로 보여줍니다.

사실 예수님의 비유는 예수님이 원래 말씀하셨던 그대로 전달되지 않고, 초대교회 공동체가 여기에 해석을 덧붙였습니다. 이는 이 비유 곳곳에서 발견되는 알레고리적인 수사에서 잘 드러납니다. 알레고리를 사용하여 예수님의 비유를 한 편의 드라마와 같은 하나님의 구원사로 그려냈습니다.

여기 포도원은 이스라엘을 상징합니다. 주인이 포도원을 가꾸는 모습은 이사야서 5장 1-2절의 포도원의 노래를 닮았습니다.

"내가 사랑하는 자의 포도원을 노래하리라… 땅을 파서 돌을 제하고 극상품 포도나무를 심었도다. 그 중에 망대를 세웠고 또 그 안에 술틀을 팠도다" 주인은 하나님이고, 포도원은 이스라엘을 연상케 합니다.

그렇다면 농부들은 바리새인과 헤롯당과 같은 이스라엘의 지도자들일 것입니다. 주인이 보낸 종들은 구약의 예언자로부터, 제자들과 사도들과 신약의 선교사들을 상징합니다. 이스라엘 지도자들은 번번이 하나님의 종들을 무시하고 핍박하고 죽였습니다. 사랑하는 아들은 예수님이고, '잡아 죽여 포도원 밖에 내던졌다'[8]절는 것은 예수님이 성문 밖 골고다에서 죽임을 당한 것을 연상시킵니다. 악한 농부를 진멸했다는 것은 예루살렘에 대한 심판을 뜻합니다. 악한 농부를 대신한 다른 농부들은 이방 교회를 말합니다. 마태는 이에 더하여 "포도원은 제때에 열매를 바칠 만한 다른 농부들에게 맡길 것이다"[마 21:41]라고 하여, 자신이 관심 있는 '열매 신앙'으로 해석합니다.

이는 위기 비유에 해당합니다. 예레미아스의 분석입니다. "이 비유는 백성의 지도자들에게 심판을 선포하는 위협의 말이고, 마지막 순간의 간청이다… 너희는 거듭 하나님께 반역했다. 하나님의 최후의 사자마저 거부하지 않도록 조심하라."《예수의 비유》 지금 모두가 분개하고 있는 악한 포도원 농부가 다름 아닌 너희들이다. 주인도 아니면서 주인을 모욕하고 주인의 것을 빼앗고 있다는 책망입니다. 지금 돌이키지 않으면 심판을 받게 되고, 너희의 것마저 빼앗길 것이라는 경고입니다.

이 경고는 이스라엘 지도자들만을 향하지 않습니다. 시대마다 교회의 지도자들이 새겨들어야 할 교훈입니다. 지금 한국교회 지도자들이 이 유혹에 빠져 교회를 사유화하는 행태를 보이고 있습니다. 교회를 자기 소유물처럼 세습으로 물려주고, 교회 헌금을 마음대로 사용합니다. 주인이신 하나님의 뜻이 아닌, 자기 생각으로 교회를 운영하고 설교합니다. 반대 세력을 권력으로 누르고 쫓아냅니다. 실상 그들이 하나님이 보낸 종들인데도 말입니다. 교회의 주인은 하나님인데 인간이 주인이 되었습니다. 청지기가 주인 행세를 한다면, 결국 주인의 심판을 면치 못할 것입니다.

도대체 포도원에서 무슨 일이 있었나?

이상은 통상적으로 비유를 풀어왔던 방식입니다. 그런데 실상 비유를 이용해서 신학적 해석을 했을 뿐이지, 우리는 비유 자체에 주목하지 않았습니다. 도대체 포도원에서는 정확히 어떤 일이 일어났던 것입니까? 가난한 자와 함께했던 예수님이 과연 가난한 소작농을 비난하는 이런 비유를 아무렇지도 않은 듯 사용했을까요? 이 비유는 민중신학자나 해방신학자들을 매우 곤혹스럽게 만들었습니다.

　곰곰이 따져보면 이해가 되지 않는 것이 적지 않습니다. 농부들은 왜 이렇게 포도원 땅을 차지하려고 안달입니까? 그들은 그렇게 폭력을 사용하여 종과 아들을 죽이면 자기 땅이 될 것이라고 정말 믿었던 것입니까?

　비유를 제대로 파악하기 위해서는 소작과 부재지주가 등장하는 1세기의 사회 현실을 이해해야 합니다. 상업화의 물결은 갈릴리 지역과 요단 계곡을 휩쓸어 대부분의 민중들은 땅을 팔거나 빼앗기고, 소작농이나 일용 노동자로 전락했습니다. 지주들은 주로 예루살렘이나 헬라의 대도시에 살면서 때가 되면 막대한 소출을 걷어 갔습니다. 원래 이스라엘은 이런 사회가 아니었습니다. 이스라엘 모든 땅은 하나님의 소유입니다. 가나안 땅에 정착하면서 하나님이 이스라엘 백성들에게 지파별, 가족별로 땅을 기업으로 나누어주었습니다. 이것을 히브리어로 '나할라'기업라 합니다. 이 나할라를 지키고, 여기서 열매를 먹고 나누며 사는 것이 이들의 삶이요 신앙이었습니다.

　그러나 헬라와 로마 제국주의의 침략과, 상업화의 물결은 이런 나할라 신앙을 근본적으로 흔들었습니다. 지금 이 포도원에 일어난 현실입니다. 이 소작농들은 실상 이 땅의 원주인들이었습니다. 자기 땅이라 생각하니 소출을 주는 것이 억울하고, 기회만 있으면 어떻게든 자기 것으로 되돌리려 합니다. 그 결정적 계기가 아들의 등장입니다. "그 농부들이 서로 말하되 이는 상속자니 자 죽이자. 그러면 그 유산이 우리 것이 되리라"7절 여기 '유산'은 헬라어로 '클레로노미아'인데 이에 상응하는 히브리 단어가 바로 '나할라'입니다. 농부들은 아들을 죽이면 자기 땅이 될 것이라고 생각했던 것입니다.

예컨대 이렇습니다. 현대 팔레스타인들이 사는 땅에 유태인들이 쳐들어와서 정착촌을 건설했습니다. 그렇게 농장을 꾸미고는 팔레스타인을 일꾼으로 부립니다. 그러면 소작하는 팔레스타인들이 그것을 원래 자기네 땅이었다고 생각하여 어떻게든 되찾고 싶은 생각이 들지 않겠습니까? 농부들의 이런 행동을 단순히 탐욕이라 규정할 수 없습니다.

주인의 행동 또한 잘 이해가 가지 않는 측면이 있습니다. 실패하면서도 계속해서 종을 보내고, 아들마저 보내는 주인의 행동은 어떻게 봐야 할까요? 전형적인 바보형 주인입니까? 사건의 전개 과정을 보면 주인은 나름 순진합니다. 법을 신뢰하고 농부를 신뢰합니다. '몰라서 그랬겠지... 내 아들은 존경하겠지...' 이 순진함이 농부들의 폭력을 자극한 면이 있습니다. 만만해 보였던 것입니다. 주인은 농부들의 억울함과 분노를 이해하지 못했던 것입니다. 주인은 인간적으로 선했을는지 모르지만, 그 사회나 체제 자체가 이미 불의하고 뒤틀어졌다는 사실을 인식하지 못했습니다. 어설픈 사랑은 결국 모두를 불행하게 만들었습니다.

　마지막으로 농부들은 폭력을 사용해 그렇게 불법적으로 점유하면 자기 것이 될 것이라고 정말 믿었던 것일까요? 그런데 대부분의 농민 폭동이 실제 이런 방향으로 진행됩니다. 일단 거사는 성공한 것처럼 보입니다. 자기 땅이 되었습니다. 그러나 결국은 국가권력에 의해서 폭동은 잔인하게 진압당합니다. 역사가 그래왔고, 그런 미래가 불 보듯 뻔히 보입니다. 그런데도 어쩔 수 없습니다. 당장 억울하고, 당장 내 것이 눈앞에 어른거리기 때문입니다.

　〈도마복음〉에서는 앞에서 말한 알레고리적 요소가 없습니다. 주인 아들의 파송과 죽임만 밝히며 끝을 맺지, 주인에 의한 심판 부분이 없습니다. 세 복음서는 공통적으로 "포도원 주인이 어떻게 하겠느냐?"9절라며 예수님이 질문을 던지는 형식입니다. 저는 이 물음이 이 비유의 클라이맥스라 생각합니다. 청중들에게 한 번 생각할 것을 요청합니다. 너희들 투쟁이 과연 옳으냐? 또 현실적이냐? 주인의 심판이나 국가의 개입이 있을 것을 예상치 못 하느냐? 역사적으로 대부분의 이런 봉기나 투쟁은 처참한 실패로 끝났습니다.

　원래 비유에서 예수님은 뱀처럼 지혜롭고 현실적인 투쟁을 할 것을 교훈으로 주려 했던 것은 아니었을까요? 이 비유는 예수님에게 열심당원들처럼 봉기해야 한다는 끊임없는 요청에 대한 답으로 주어졌을지도 모릅니다. 예수님이나 초대교회는 가이사에게 세금을 바치는 것을 현실적으로 수용했으며, 로마 권력에 직접 맞서지 않았습니다.

이상이나 소원만 가지고는 목표를 이룰 수 없습니다. 자기감정대로 움직인다고 하여 그 억울함이 즉각적으로 해소되지는 않습니다. 현실적이어야 합니다. 냉철하고 지혜로워야 합니다. 이상만 좇았던 수많은 운동들이 권력의 칼에 의해서 무력화되었던 것이 현실입니다. 그런 실패를 반복할 수는 없습니다. 예수님은 무장봉기 대신 십자가와 평화의 길로 갔습니다. 정신적, 영적 가치의 고양을 통해 세상의 권력과 칼의 권세를 무력화하는 방식입니다.

성령은 지혜의 영이고, 현실의 영입니다. 주님은 우리의 이상과 소원을 잘 알고 있습니다. 또한 우리의 현실 또한 잘 파악하고 있습니다. 그리고 그 그릇과 단계에 맞춰 우리를 채워갑니다. 그래야 실제적인 승리를 쟁취할 수 있습니다.

16

가라지의 비밀

알곡과 가라지 비유 [마태 13:24-30]
사람들이 잘 때에 그 원수가 와서 곡식 가운데 가라지를 덧뿌리고 갔더니, 싹이 나고 결실할 때에 가라지도 보이거늘... 종들이 말하되 "그러면 우리가 가서 이것을 뽑기를 원하시나이까?" 주인이 이르되 "가만 두라. 가라지를 뽑다가 곡식까지 뽑을까 염려하노라. 둘 다 추수 때까지 함께 자라게 두라. 추수 때에 내가 추수꾼들에게 말하기를 가라지는 먼저 거두어 불사르게 단으로 묶고 곡식은 모아 내 곳간에 넣으라 하리라"

알레고리의 바른 사용

비유는 듣는 자들에게 선명한 이미지를 만들어내는 힘이 있습니다. 비유에서 다루어지는 생활 속 이야기가 하나님 나라의 진리를 드러내는 효과적인 도구가 됩니다. 예수님의 비유는 그 형식이나 내용에 있어서 당시 유대교나 철학에서는 찾아볼 수 없는 매우 독특하고도 탁월한 방식이었습니다.

유감스럽게도 현대교회에서 이 비유의 힘을 포착한 자들은 이단들입니다. 이단들은 비유에 담긴 비밀을 자신들이 풀어주겠다는 식으로 기성 교인들을 현혹합니다. 본문의 알곡과 가라지 비유가 대표적입니다. 밭은 교회이고, 가라지는 짐승의 씨로 현 기독교가 되고, 자신들은 추수꾼, 곧 전도자라고 풀이합니다. 종말 때에 구원받을 알곡, 14만 4천 명은 바로 자기 교단에 들어온 자들이라 합니다.

이들은 예수님의 비유를 알레고리우의법, 곧 그 이면에 숨긴 뜻을 풀이하는 방식으로 해석합니다. 이런 알레고리 방식을 비판할 수 없는 것은 예수님 또한 이 방식을 취하셨기 때문입니다. 마태복음 13장 37-43절에서 예수님은 알곡과 가라지 비유를 직접 다음과 같이 알레고리 방식으로 해석합니다. 좋은 씨를 뿌리는 이는 인자다. 좋은 씨는 천국의 아들들이고, 가라지는 악한 자의 아들들이다. 가라지를 뿌린 원수는 마귀이고, 추수 때는 세상 끝이다. 추수꾼은 천사들이고, 불은 심판을 말한다.

이런 알레고리 방식은 조심해야 합니다. 자칫 '귀에 걸면 귀걸이, 코에 걸면 코걸이'식 해석이 될 수 있기 때문입니다. 그래서 종교개혁자 칼빈은 다음과 같이 경고합니다. "알레고리는 성경이 명백히 인정하는 것 이상으로 멀리 나아가서는 안 된다. 즉 알레고리는 교리를 세우는 작업 앞에서는 멈추어야 한다." 《기독교강요》 2.5.19 알레고리를 통해 새로운 계시를 제시하는 방식은 예수님이나 성서만 가능합니다. 이후 교회는 알레고리를 성서를 깊이 있게 묵상하는 방식으로 사용할 수는 있지만, 이를 통해 새로운 교리를 덧붙여서는 안 됩니다.

이단이 비유를 알레고리 방식으로 풀었다는 것이 잘못이 아닙니다. 그들의 잘못은 알레고리를 이용해 교묘히 새로운 교리를 만들어냈다는 데 있습니다. 실상 자기네 집단이나 교리를 정당화하는 수단으로 사용했습니다. 이것은 비유를 풀이한 것이 아니라, 비유를 이용한 것일 뿐입니다. 우리나라에는 에덴동산의 선악과를 섹스라는 알레고리로 풀었던 이단도 있습니다. 선악과는 문자 그대로 말씀 순종을 테스트하는 수단이었을 뿐이지, 소위 영적 풀이식으로 여기에 다른 의미를 더한다면 그것은 교리의 영역에 속하고, 전통 교리의 검증을 받아야 합니다.

그렇지만 알레고리는 하나님의 진리를 드러내는 풍성한 방식입니다. 예수님도 사용하셨습니다. 문자 이면의 깊은 우물에서 생수를 길어내는 것, 그것이 알레고리의 유익입니다. 남용하거나 오용하지만 않는다면 성경 묵상 방식으로 괜찮은 방법론입니다.

무엇이 비밀인가?

이어지는 13장 34절에서 예수님은 "비유가 아니면 아무것도 말씀하지 아니하셨다"라고 하며, 35절에서는 "내가 입을 열어 비유로 말하고 창세부터 감추인 것들을 드러내리라"라고 말씀합니다. 비유에 무슨 대단한 비밀이 담겨 있는 것처럼 말씀합니다. 그런데 실상 씨 뿌리는 자의 비유나, 알곡과 가라지 비유에서 밝혀진 비밀은 별것 없습니다. 여러 가지 마음의 상태를 밭에 비유하거나, 가라지의 정체나, 원수나 추수꾼이 사탄이나 천사라거나, 추수가 심판을 뜻한다는 내용일 뿐입니다. 이게 무슨 대단한 비밀입니까?

비밀은 사실 그 내용 풀이에 있지 않습니다. 비밀은 자기가 어디에 속하는지를 아는 그 정체성 발견에 있습니다. 자기가 길가 밭인지 좋은 땅인지, 자기가 알곡인지 가라지인지 아는 것입니다. 알곡과 가라지 비유를 이단들도 좋아합니다. 실상 자기들이 가라지인데도 말입니다. 이 비유를 악인들도 좋아합니다. 자기들을 비난하는데도 깨닫지 못합니다. 그래서 비밀입니다.

이 비유는 예수 운동에 참여한 가난한 자들이 들어야 할 말씀입니다. 너희가 바로 그 좋은 땅이요, 겨자씨요, 알곡이다. 내가 가라지를 뽑지 않는 이유는 알곡인 너희들이 다칠까 염려해서이다. 그래서 이 비유는 깨어 있는 자들을 향한 격려와 지혜의 말씀입니다. 반대로 악인에게는 심판과 경고입니다. 지혜롭게 악인을 공격함으로써 의인들을 위로합니다. 악인들의 눈에 감추어졌기에 비밀입니다.

성급한 심판의 보류

마태복음은 무엇보다 이 비유를 성급한 판단을 보류하고, 참을 것을 호소하는 비유로 해석하였습니다. 28절과 29절 대화가 이를 잘 보여줍니다. 종들이 "우리가 가서 가라지를 뽑기를 원하시나이까?" 하고 물으니 주인이 "가만 두라. 가라지를 뽑다가 곡식까지 뽑을까 염려하노라." 하고 답합니다. 가라지를 뽑다가 자칫 알곡까지 상할 것 같다는 우려입니다. 가라지는 헬라어로 '지자니아'인데, 달리 '독보리'라 불립니다. 보리처럼 생겼는데 독이 있는 잡초입니다. 알곡의 뿌리를 감싸기 때문에, 진짜 가라지를 뽑다가 알곡이 상할 수 있습니다.

이는 예수님 시대를 넘어 초대교회의 상황에 더 적합합니다. 교회가 섰는데 여기에 이단들이 들어오기 시작합니다. 주님의 뜻대로 살지 않고 교회의 물을 흐리는 존재들이 있습니다. 이때 교회가 어떤 태도를 취해야 할지 고민이 되었습니다. 주인이신 예수님의 말씀은 지금 심판하지 말라는 것입니다. 자칫 이 때문에 교회가 파괴되거나, 알곡과 같은 신자들이 다칠 수 있기 때문입니다.

사회 조직도 그 안의 악을 뿌리 뽑거나, 소위 불순세력을 제거하려는 시도를 할 때가 왕왕 있습니다. 그러다 초가삼간을 태우는 경우를 자주 봅니다. 때로는 방치하는 것도 좋은 선택이 될 수 있습니다. 의인이나 공동체를 보호하기 위해서입니다. 하나님이 당장 심판하지 않으시는 것은 그럴 힘이 없어서가 아닙니다. 하나님이 지금 힘을 쓰면 다른 좋은 것이 망가지기 때문에 때를 기다리고 있는 것일 수 있습니다.

그래도 답답합니다. 그래서 마태 공동체는 마지막 심판 때의 엄혹함을 강조합니다. '심판 때에 너희는 뜨거운 불에 다 타고 재도 남지 않을 것이다.' 이런 종말의 언어로 위로를 받습니다. 요즘 현 정권의 행태가 마치 알콜 중독에 걸린 막장 정권 같습니다. 그런데도 권력을 쥐고 있으니 어떻게 할 수가 없습니다. 그러다 보니 비신앙인의 입에서 놀랍게도 종말론적 언어가 늘었습니다. '그 최후는 아주 처참할 것이다.' '반드시 심판받을 것이다.'라는 식의 저주입니다. 그렇게라도 해서 위로받아야지요. "풀무 불에 던져 넣으리니 거기서 울며 이를 갈게 되리라"42절 마태 공동체의 언어가 이와 같습니다.

이는 우리 마음 상태에도 적용할 수 있습니다. 우리 마음이나 성격은 장점도 있고, 단점도 있습니다. 그런데 대부분 심리치료는 단점을 교정하는 방향으로 갑니다. 그러면 잘 고쳐지지도 않고, 자칫 그 사람이 상할 수 있습니다. 단점은 그대로 놔두고 장점을 활용하는 방식이 현명합니다. 그래야 스트레스를 받지 않습니다. 그러다 보면 단점도 보강됩니다.

암癌과의 싸움도 그렇습니다. 바위처럼 들어앉은 암을 원수로 간주하고 뿌리 뽑으려 하면 자기가 먼저 지치고 맙니다. '암과 친구가 되라.'는 말이 있습니다. 암세포도 한때는 자기 살이었습니다. 친구처럼 잘 관리하고 달래는 것이 필요합니다. 그래야 긴 싸움에서 승리할 수 있습니다.

현실을 보는 지혜

알곡과 가라지 비유는 세계를 다른 시각으로 보게 합니다. 처음부터 밭에 가라지를 뿌리는 사람은 없습니다. 그런데 잡초라는 것은 어느새 비집고 들어와 자리를 잡습니다. 27절과 28절의 대화가 그런 사정을 보여줍니다. 종들이 "주여 밭에 좋은 씨를 뿌리지 아니하였나이까?" 하고 묻습니다. 그런데도 가라지가 생긴 이유에 대해 주인은 "원수가 이렇게 하였다."라고, 성서는 "사람들이 잘 때에" 원수가 몰래 뿌리고 갔다고 합니다. 어쩔 수 없고, 막을 수 없는 사태입니다.

이 때문에 교회를 가시적 교회와 불가시적 교회로 구분합니다. 교회는 알곡 같은 순수한 신앙인만 모여 있지 않습니다. 가라지도 있습니다. 교회는 온갖 형태의 인간들이 모여 있기에 누가 구원받을 하나님의 백성인지 알 수 없습니다. 그러니 교회의 외관만 보고 실망해서는 안 됩니다. 동시에 자신이 교회라는 방주에 타고 있다고 해서 안심해서도 안 됩니다. 내가 가라지일 수도 있습니다.

알곡인지 가라지인지는 하나님만이 판단하실 수 있습니다. 인간들이 섣불리 내리는 심판은 항상 조심해야 합니다. 교회는 이단 사냥, 마녀사냥으로 얼마나 많이 선한 것들을 제거해 버렸습니까? 가라지인지 알았는데 실은 그들이 알곡이었습니다. 인간이 잘못 판단한 것입니다. 지금도 교회의 순수성을 주장하며 무자비하게 교리의 칼날을 휘두르며, 차별과 혐오의 독기를 뿜어내는 자들이 있습니다. 자기들로 인해 알곡과 같은 신자들이 상처받고, 사랑과 용서라는 알곡 신앙이 망가지고 있는 것을 알고 있기나 한가요? 섣불리 판단하지 마십시오.

반대로 알곡이라 생각했는데 교회를 결정적으로 넘어뜨리는 자들이 있습니다. 교회에 헌신을 많이 하고 충성했던 자들이 나중에 보면 교회를 분열과 위기로 몰아갑니다. 대부분 교회를 떠난 작은 소자들은 목회자나 장로 등 교회 중직자에 의해서 상처받은 경우가 많습니다. 실상 그들이 가라지였습니다. 겉만 보고 평가할 수 없습니다.

살면서 얻게 되는 지혜는 선과 악, 옳고 그름을 명확히 구분할 수 없다는 것입니다. 그때는 분명 옳다고 믿었는데 시간이 지나고 보면 꼭 그런 것만은 아니었습니다. 가라지라고 생각했는데 실은 그 가라지가 나를 보호했습니다. 가라지같이 여겼던 사람이 알곡이 되어 있는 모습을 보며 우리는 깜짝 놀랄 때가 있습니다. 명확한 것 외에는 판단을 미루는 것이 현명합니다. 명확하다고 하여 지적하는 것도 문제를 해결하는 데 별로 도움이 되지 않습니다.

가라지가 주인공

알곡과 가라지 비유는 마태복음 외에 〈도마복음〉에서만 언급됩니다. 그런데 도마복음 비유에서는 알레고리 부분이 빠져 있습니다. 알레고리적 해석이 없는 24-30절의 마태 본문처럼 그 내용만 담백하게 전합니다. 아마 예수님의 비유와 알레고리 해석이 따로따로 유포되었던 것 같습니다. 그러면 달리 해석할 여지가 있습니다.

앞에서 겨자씨와 누룩 비유를 전한 바 있습니다. 겨자씨와 누룩같이 볼품없는 존재들이 하나님 나라의 주인공입니다. 땅에 감추인 보물 비유도 약간은 도덕성이 결여된, 때가 좀 묻었지만 그래도 하나님 나라의 모습이라 해석했습니다. 가라지 비유도 이 연장선상에 있습니다.

지금 주인은 동네 웃음거리가 되었습니다. 농사를 지으라니 잡초밭을 만들어놨습니다. 주인이 무신경해서 그랬나요? 아니면 무능력해서? 주인은 할 말이 없으니 원수가 몰래 가라지 씨를 뿌렸다고 핑계를 댑니다. 그렇다고 하여 가라지를 뽑았다가는 농사를 다 망치게 생겼습니다. 어쩔 수 없이 추수 때까지 기다려야 합니다.

이 가라지와 같은 존재가 바로 민중들이요, 가난한 자들이요, 불결한 자들입니다. 엘리트들이 꿈꾸었던 이상적 세계를 이들이 침투해서 엉망으로 만들었습니다. 이는 마태복음 11장 12절에서 예수님이 말씀하신 "세례 요한의 때부터 지금까지 천국은 침노를 당하나니 침노하는 자는 빼앗느니라"라는 말씀의 실현입니다. 위기를 맞은 지구를 탈출하기 위해 우주선에 탑승할 엄선된 사람들을 선정했는데, 갑자기 어중이떠중이들이 이 우주선 창고에 몰래 스며든 것과 같습니다. 크로산도 자신의 《역사적 예수 연구》에서 "달갑지 않은undesirable 자들의 하나님 나라"라는 제목으로 이 비유를 다룹니다.

수로보니게 여인이 바로 그 가라지입니다. 자기 딸이 죽게 되어 예수님께 구원을 청하지만 예수님은 "나는 이스라엘 집의 잃어버린 양 외에는 다른 데로 보내심을 받지 아니하였노라"마 15:24 하며 냉정하게 거절합니다. 그러자 이 여인은 가라지 정신으로 "개들도 제 주인의 상에서 떨어지는 부스러기를 먹나이다"15:27 하며, 주인의 잔치에 강제로 승선합니다.

이들이 우점종이 되자 하나님 나라의 성격이 바뀌었습니다. 이들이 하나님 사랑의 물결과 바람의 방향을 바꾸었습니다. 마태복음을 보면 이 사건을 계기로 예수님의 선교가 '이스라엘 집의 잃어버린 자들'에서 '모든 족속'으로 향하는 방향 전환이 일어납니다. 실제 교회사는 그렇게 흘러갔습니다. 가난한 자, 이방인, 불결한 자, 여자가 교회의 주체가 되었습니다.

하나님 나라의 혁명성은 가라지가 알곡이 되고, 알곡이 가라지가 될 수 있다는 데 있습니다. 인간이 만든 모든 안전한 기준들은 깨어지고, 우리는 두렵고 떨림으로 심판의 날을 기다립니다.

17

아무도 타인을 무시할 권리는 없다

바리새인과 세리의 비유 [누가 18:10-14]
두 사람이 기도하러 성전에 올라가니 하나는 바리새인이요 하나는 세리라. 바리
새인은 서서 따로 기도하여 이르되 "하나님이여, 나는 다른 사람들 곧 토색, 불의,
간음을 하는 자들과 같지 아니하고 이 세리와도 같지 아니함을 감사하나이다. 나
는 이레에 두 번씩 금식하고 또 소득의 십일조를 드리나이다." 하고, 세리는 멀리
서서 감히 눈을 들어 하늘을 쳐다보지도 못하고 다만 가슴을 치며 이르되 "하나님
이여, 불쌍히 여기소서. 나는 죄인이로소이다." 하였느니라. 내가 너희에게 이르
노니 "저 바리새인이 아니고 이 사람이 의롭다하심을 받고 그의 집으로 내려갔느
니라."

하필 왜 바리새인과 세리인가?

두 사람이 기도하러 성전에 올라갔습니다. 성소에서 희생제의
를 드리고 향이 오를 때 성소 밖에서는 백성들이 모여 기도를 드립
니다. 바리새인은 한가운데 서서 다른 사람이 다 들으라는 듯이 자
랑스럽게 기도를 드리고, 부정한 존재 취급을 받는 세리는 멀찌감
치 서서 하늘도 올려다보지 못한 채 가슴을 치면서 기도를 드립니

다. 사실 바리새인과 세리 두 사람의 기도를 비교하는 것 자체가 유대인이나 바리새인은 기분이 나쁩니다. 전혀 비교 대상이 될 수 없기 때문입니다. 세리는 민족 반역자요 부정한 자이고, 바리새인은 경건의 대명사이고 백성들로부터 존경받는 자입니다.

바리새인이 기도한 내용은 과장이 없는 실제였습니다. 이들은 일주일에 두 번씩 금식했습니다. 이스라엘의 경건한 사람들은 모세가 시내 산에 오른 날로 추정되는 목요일과 하산한 날로 추정되는 월요일에 금식을 하였습니다. 아마 24시간 금식이 아니라 해가 떠 있는 동안 행하는 중동식 금식이었을 것입니다. 그래도 해가 뜨겁게 내리쬐는 땅에서 물도 마시지 않는 절대 금식은 쉬운 일이 아닙니다. 이들은 또한 소득의 십일조를 철저히 드렸습니다. 마태복음에 의하면 이들은 "박하와 회향과 근채의 십일조"마 23:23까지, 곧 집에서 나는 극히 사소한 작물의 십일조까지 엄격히 계산하여 하나님께 드렸을 정도입니다.

그런데 예수님은 이런 바리새인의 기도를 하나님이 받지 않으셨다고 말씀합니다. 바리새인은 왜 거절당한 것입니까? 기도 내용은 실상 성전 체계에 부합하는 모범이며, 이상적인 경건의 모습입니다. 본문 14절의 결론처럼 "자기를 높이는 자는 낮아지고 자기를 낮추는 자는 높아지리라"는 기준 때문입니까? 바리새인의 기도가 자기를 높이는 교만한 기도라서 그런 것인가요?

아닙니다. 단순히 겸손한 기도를 드리지 않았기 때문이 아닙니다. 진짜 문제가 11절의 기도에서 드러나고 있습니다. "나는 다른 사람들 곧 토색, 불의, 간음을 하는 자들과 같지 아니하고 이 세리와도 같지 아니함을 감사하나이다" 그는 토색, 곧 사람들을 협박하고 물질을 빼앗는 그런 일을 하지 않았습니다. 불의를 행하지도 않았고, 간음을 하지도 않았습니다. 그는 말씀에 어긋난 일을 하지 않은 도덕적으로 깨끗하고 신앙적으로 경건한 사람이었습니다. 여기까지는 문제가 없습니다. 문제는 세리와 다른 사람을 판단하고, 사람을 함부로 경멸하는 그 태도에 있습니다. 바리새인은 사람을 정죄하는 매우 교만한 모습으로 기도하고 있습니다.

이는 세리의 기도와 비교하면 더 뚜렷해집니다. 세리는 하나님 앞에 감히 얼굴을 들지 못할 정도로 실제 불의한 존재요 민족 반역자였습니다. 로마제국은 식민지를 통치하면서 1년분 세수를 미리 책정하여 세리들과 계약을 맺습니다. 세리들은 일정액만 로마에 바치면 되었기에 백성들에게 사기 치고 협박을 일삼았습니다. 이것을 토색한다고 성경은 표현합니다. 이 때문에 세리들은 이스라엘 백성으로 인정받지 못했고, 죄인 취급을 받으며 모든 공민권을 박탈당했습니다.

실상이 그러했기에 세리는 멀리 서서 가슴을 치며 "하나님이여 불쌍히 여기소서 나는 죄인이로소이다"[13절]라고 기도할 수밖에 없었습니다. 세리는 이 기도 외에 어떤 회개나 상응하는 행동을 하지도 않았습니다. 그런데도 하나님이 이 기도를 받으셨습니다. 기도가 겸손해서 그랬나요? 아닙니다. 하나님의 자비 때문입니다. 세리의 의로운 행동이나 겸손한 기도 때문이 아니라, 하나님이 세리를 불쌍히 여기셨기 때문입니다. 다른 이유가 없습니다.

만약 바리새인과 세리의 기도를 겸손한 기도의 대비로 사용하려 했으면 이 둘을 비교하면 안 됩니다. 세리가 등장하는 순간 겸손보다는 그 인격 자체가 문제가 되기 때문입니다. 기도의 모범을 가르치는 비유였다면 단순히 '두 사람이 기도하러 성전으로 올라갔다.'라고 말하는 것이 더 낫습니다. 그러면 사람이 아니라 기도의 태도에 집중할 수 있습니다. 겸손한 기도의 모범으로 해석한 것은 누가와 초대교회의 작품입니다. 그러다 보니 예수님이 굳이 바리새인과 세리를 비유의 예로 든 이유가 실종되고 말았습니다.

예수의 비유를 연구하다 보면 어디까지가 역사적 예수의 비유이고, 어디까지가 초대교회의 해석인지를 결정해야 합니다. 학자들은 14절 하반 절 "무릇 자기를 높이는 자는 낮아지고 자기를 낮추는 자는 높아지리라"는 말씀을 독립적 '로기온'으로 분류합니다. 로기온은 짧은 구절의 지혜의 말씀입니다. 이 말씀은 마태복음 23장 12절과 누가복음 14장 11절에서 맥락만 달리한 채 동일하게 등장합니다. 누가가 예수님의 이 로기온을 바리새인과 세리의 기도 비유를 해석하는 도구로 이 자리에 갖다 놓은 것입니다.

성서 기자인 누가의 해석이기에 그 권위를 인정해야 하겠지만, 예수님의 원비유를 찾는 다른 해석의 가능성을 차단할 수는 없습니다. 실제 역사에 어떤 일이 있었는가를 찾아가는 작업을 역사비평이라고 합니다. 이런 비평적 학문은 성서의 권위를 깎아내리는 데 그 목적이 있지 않습니다. 역사비평은 하나님 말씀을 파악하기 위한 전前단계 작업입니다. 마치 땅속에 파묻힌 보물을 발굴하는 과정과 같습니다. 분명히 알아야 할 것은 성서가 하나님 말씀이 아니라, '성서 안'에 하나님 말씀이 있다는 사실입니다.

비유의 충격

예수님 비유의 의도는 사람들이 선하다고 생각하는 바리새인의 위선을 폭로하는 것입니다. 경건하고 신실한 것 같지만 그 입은 독사의 혀이며, 그 목구멍은 열린 무덤입니다. 그 입으로 얼마나 많은 사람을 정죄하고, 얼마나 무자비한 폭력을 행사하고 있습니까? 이는 현대 신앙인들에게서도 쉽게 찾아볼 수 있습니다. 경건하고 신실한 듯하지만, 실상 온갖 교리와 법으로 차별과 정죄를 행하는 장로나 주의 종이 이 바리새인과 별반 다를 바 없습니다.

또한 예수님 비유의 의도는 악하고 저주받았다고 생각되는 세리가 실상 그리 나쁘지 않고 오히려 하나님의 사랑받는 자임을 들어, 사람들의 선입관을 깨는 것입니다. 하나님은 단순히 세리의 겸손한 기도를 받은 것이 아니라, 세리라는 인격 자체를 받으신 것입니다. 예수님의 비유를 듣다보면 자신들의 판단 기준들이 흔들리면서 매우 당혹해하는 군중들의 모습이 살며시 떠오릅니다.

이 비유가 주는 충격을 현대 사회로 옮겨서 재연한다면 다음과 같을 것입니다. 어떤 장로님이 있습니다. 이 장로님은 교회당에서 기도하면서, 죄와 정욕으로 가득한 타락한 세상을 고발하며 자신은 그와 같지 않음을 감사했습니다. 같은 곳에 성소수자가 제단 멀리서 기도하는데 그는 자신의 불쌍한 처지를 한탄하며, 하나님의 자비를 간구했습니다. 그런데 저 장로가 아니라 이 성소수자가 하나님의 의롭다함을 받고 돌아갔습니다. 그 충격이 느껴집니까? 사람들이 옳다고 하는 자가 실상 많은 사람을 죽음으로 몰아가며, 사람들이 손가락질하는 자가 실상 착하고 사랑받아야 할 자라는 것이 예수님의 판단입니다.

"이 사람이 의롭다 하심을 받고"에서 '의롭다'의 의미 또한 잘 풀어야 합니다. '의롭다'고 하면 우리는 도덕성이나 신앙적 경건을 떠올립니다. 아닙니다. 구약에서 '의롭다'는 단어는 법정적 용어로 사용되었습니다. 재판 두 당사자 간의 다툼에서 한쪽 편이 옳다고 손을 들어주는 행위가 '의롭다'입니다. "사람들 사이에 시비가 생겨 재판을 청하면 재판장은 그들을 재판하여 의인은 의롭다 하고 악인은 정죄할 것이며"신 25:1 의인이나 의롭다는 말은 무죄하다는 선언이지, 도덕적 경건성을 말하는 것이 아닙니다.

이는 바울의 칭의론에서도 나타나는데, 유대인 신자와 이방인 신자 사이의 갈등에서 이방인 신자의 손을 들어 주는 것이 바로 의롭다는 말의 본래적 의미입니다. 이후 이 단어가 실제 의롭게 된다는 성의成義론과, 단지 의롭다고 인정한다는 칭의稱義론의 중요 교리 논쟁으로 발전했지만, 어찌 되었든 모두 한 개인의 도덕적 경건성과는 상관이 없습니다.

종합하면 세리가 의롭다하심을 받았다는 것은 세리가 경건했다거나 그의 기도가 겸손했다는 의미가 아니라, 하나님이 상한 갈대와 같은 세리를 하나님의 자녀로 받으셨다는 뜻입니다.

겸손하게 자기를 낮추는 자

바리새인은 기도에 실패하였습니다. 그는 아마 관례적으로 성전에 기도하러 나왔을 것입니다. 그때 저 멀리서 세리가 기도하는 모습이 보였습니다. 그 순간 그에게서 이런 감사가 나왔습니다. "하나님 제가 이 세리와 같지 아니함을 인하여 감사하나이다." 세리와 비교해 보니까 자기가 너무 근사한 사람처럼 보였고, 너무 신앙생활을 잘하는 것처럼 보였습니다. 아래를 내려다보거나 옆을 바라보는 기도가 될 때가 있는데 이것이 바로 사람을 향하는 기도입니다. 기도가 사람을 향할 때는 비교의식으로 인해 열등감에 빠지거나 반대로 교만해집니다.

기도는 위를 바라보는 기도여야 합니다. 하나님을 바라보는 기도는 하나님으로만 만족하고 하나님 앞에 죄인으로 서는 기도입니다. 위를 바라볼 때는 결코 교만이나 자기 의가 들어설 수가 없습니다. 하나님 앞에 서면 우리가 너무도 부족한 존재임을 깨닫게 되기 때문입니다.

하나님을 바라보지 않는 사람들은 다른 사람들을 판단하고 멸시하게 됩니다. 하나님 앞에 자신이 얼마나 큰 죄인인지 깨달은 사람이 다른 사람을 판단할 여유가 있겠습니까? 오히려 긍휼의 마음이 나오지 않겠습니까? 같은 죄인으로서 느끼는 동병상련의 마음이요, 거대한 적 앞에서 약한 자들끼리 뭉치려는 연대의 마음이 오히려 들지 않겠습니까?

바리새인은 자신이 하나님이 되었습니다. 자기 마음도 제대로 파악하지 못하면서 어떻게 다른 사람의 인생을 판단할 수 있겠습니까? 각자는 자기에게 주어진 일만 열심히 하면 됩니다. 판단은 하나님이 하십니다. 누가 사람의 은밀한 것을 알 수 있겠습니까? 우리는 자기 곁에 세리와 같은 사람이 서 있는 것을 용납해야 합니다. 내 판단으로는 아닌 것 같지만, 하나님의 판단은 다를 수 있기 때문입니다.

이렇게 성전에서 기도한 세리의 이름은 언급되지 않습니다. 그러나 혹시 이 세리는 이어지는 19장에 나오는 세리장 삭개오가 아니었을까요? 삭개오는 예수님을 만나기 전에 이처럼 세리와 같은 기도를 올리지 않았을까요? 자기 인생을 후회하며 자기 죄를 회개하지 않았을까요? 그러다 예수님이 자기 동네를 방문한다는 소식이 들렸습니다. 너무 기뻐 예수님을 만나러 갔고 여의치 않자 뽕나무로 올라갔습니다. 성경에서 가장 코믹하면서도 결정적인 만남이 이렇게 이루어졌습니다.

예수님을 만나자마자 당장 나온 반응은 자기 재산의 절반을 내어놓겠다는 고백이었습니다. 자기가 토색한 것이 있다면 네 배로 갚겠다고 합니다. 비로소 세리를 향한 하나님의 의로움의 선언이 완성된 것입니다. "오늘 구원이 이 집에 이르렀으니 이 사람도 아브라함의 자손임이로다" 눅 19:9

사랑의 힘입니다. 사랑은 조건이나 자격을 따지지 않고 무조건적으로 수용합니다. 그런데 놀라운 것은 이 사랑이 그 사람의 얼굴을 빛나게 합니다. 사랑받는 자 안에서 존중감이 살아나고, 이에 걸맞는 멋진 사람이 되어갑니다.

18

전쟁을 하기 전에 먼저 비용을 계산하라

망대와 전쟁 비유 [누가 14:28-32]
너희 중의 누가 망대를 세우고자 할진대 자기의 가진 것이 준공하기까지에 족할는지 먼저 앉아 그 비용을 계산하지 아니하겠느냐... 또 어떤 임금이 다른 임금과 싸우러 갈 때에 먼저 앉아 일만 명으로써 저 이만 명을 거느리고 오는 자를 대적할 수 있을까 헤아리지 아니하겠느냐? 만일 못할 터이면 그가 아직 멀리 있을 때에 사신을 보내어 화친을 청할지니라.

신자인가 제자인가?

사람들은 흔히 성도를 신자와 제자로 구분합니다. 신앙의 수준에 따라 구원만 받을 사람, 좀 더 적극적으로 헌신할 사람 이렇게 나눕니다. 그러나 주님은 신자를 알지 못합니다. 오직 제자만 알 뿐입니다. 주님은 처음부터 우리를 향해 "나를 따라오라 내가 너희를 사람을 낚는 어부가 되게 하리라"^{마 4:19}라고 말씀하셨습니다. 예수님의 부르심은 제자로의 부르심입니다. 예수님을 따르는 자가 제자이고, 예수님을 믿는다는 것은 곧 예수님을 따르는 것을 말합니다.

그러나 제자도에는 대가가 따릅니다. 망대와 전쟁 비유는 그 앞뒤를 제자의 길에서 희생해야 할 것과 관련된 말씀들이 감싸고 있습니다. 이미 비유 해석의 방향을 결정해 놓았습니다. 예수님은 자기를 따르는 제자는 부모와 처자와 형제와 자매와 더 나아가 자기 목숨까지 미워해야 한다고 말씀합니다. 자기 십자가를 지고 따라야 한다고 말씀합니다.눅 14:26-27 33절에서는 "이와 같이 너희 중의 누구든지 자기의 모든 소유를 버리지 아니하면 능히 내 제자가 되지 못한다"라고 말씀합니다.

앞서서 그 비용을 계산해 보고 제자의 길을 갈지 결정하라는 말씀이고, 중도에 포기하면 맛 잃은 소금처럼 쓸모없게 되고 사람들에게 밟히는 신세가 될 것이라는 경고입니다. 그런데 이미 답은 정해져 있습니다. 제자의 길에서 벗어난다는 것은 곧 구원의 길에서 멀어지는 것과 같습니다.

제자의 비용을 계산하다 돌아선 인물이 부자 청년입니다.마 19:22, 막 10:22 누가복음에서는 그가 관원ruler이었다고 덧붙입니다.눅 18:18 '부자', '청년', '지도자', 이 정도면 현대인들이 충분히 부러워할 만한 인물입니다. 그는 또한 영생에 대한 관심도 있고, 율법도 잘 지켰습니다. 소위 신앙도 좋았다고 할 것입니다. 일등 신랑 감이요 모두가 부러워하는 사람입니다.

그렇지만 성경은 그가 "슬픈 기색을 띠고 근심하며 갔다"^막

^{10:22}라고 서술합니다. 복음서에 기록된 여러 만남 중 가장 쓸쓸한 뒷모습을 남겼습니다. 19세기의 화가 와츠G. F. Watts는 이 청년을 주제로 《재물이 많은 까닭에》라는 제목의 유화를 그렸습니다. 그림 전면을 가득 채운 이 청년의 풍채는 매우 좋습니다. 다른 무엇보다 그가 입은 옷이 눈에 띄는데 윤기가 흐르는 가죽옷을 둘렀으며, 목 주위를 감싸고 있는 털은 북슬북슬서 있습니다. 그렇지만 그는 고개를 떨구고 뒤돌아 있기에 얼굴이 보이질 않습니다. 우람한 어깨를 힘없이 내려뜨리고 있어 그 처량함이 더합니다.

G. F. 와츠, 《재물이 많은 까닭에》, 1894

주님은 이 청년을 사랑했습니다. 부자 청년은 위선자가

아니었습니다. 그는 다른 바리새인처럼 예수님을 시험하러 온 것도 아니었습니다. 그는 진지했습니다. 그런데도 그는 영생을 얻는 데 실패하고 말았습니다.

이 부자 청년은 "네게 있는 것을 다 팔아 가난한 자들에게 나눠 주라. 그리고 와서 나를 따르라"눅 18:22는 제자도의 대가를 계산하다 포기하고 돌아선 인물입니다. 그 계산은 현명했나? 어리석게도 그가 놓친 것이 영생, 진리, 참된 인간성 등 영원한 가치였다는 것을 그는 깨닫지 못했습니다. 그는 이름도 없이 단지 부자 청년이라 불릴 뿐입니다.

앉아서 비용을 계산하라

본문의 비유에서 주님은 앉아서 먼저 비용을 계산하라고 말씀합니다. "먼저 앉아 그 비용을 계산하지 아니하겠느냐"28절 망대를 세우려면 돈이 듭니다. 기초 공사를 하고 그 위에 망대를 높이 쌓아야 합니다. 비용이 충분한지, 충분하지 않다면 돈을 빌려 오거나 물자를 댈 다른 방도를 생각해야 합니다. 그래서 계산이 설 때 건축을 추진해야지, 계획 없이 하다가는 완성하지 못하고 부끄러운 흉물만 남기고 말 것입니다.

다른 국가와 전쟁을 할 때도 먼저 계산을 해야 합니다. 내가 가진 군사가 1만이고 상대방은 2만입니다. 병력에서 차이가 나면 다른 것, 예컨대 군사의 훈련 정도나 정신력, 무기나 지형지물의 유리함, 이웃 국가의 도움 등 여러 가지 다른 요인들을 생각해야 합니다. 이리저리 계산해도 도무지 답이 나오지 않으면 멀리 있을 동안에 사신을 보내어 화친을 청하는 것이 현명합니다.

일전에 KBS에서 《불멸의 이순신》이라는 드라마를 방영한 적이 있습니다. 처음에는 어떻게 드라마 제목에 '불멸'이라는 단어를 사용할 수 있을까 하고 의아해했습니다. 그러나 드라마를 보고 또 관계된 글들을 읽다 보니 이해가 되었습니다. 이순신 장군은 임진왜란 당시 일본과 23번의 전투를 치렀는데 단 한 번도 패한 적이 없습니다. 우리가 잘 아는 명량해전은 단 12척의 배로 아군의 배는 손상없이, 적의 전투함과 보급선 333척을 무찌른 세계 해전사에 유례가 없는 대승리였습니다.

이순신 장군은 어떻게 해서 23전 무패의 엄청난 업적을 이룰 수 있었나? 학자들은 그 승리의 비결을 "이길 수 있는 싸움"만 했기 때문이라고 분석합니다. 적과 자신의 장단점을 정확히 파악한 후, 자신이 승리할 수 있는 방법으로, 지형지물을 이용해서 싸웠다는 것입니다. 승산이 없는 싸움은 하지 않았고, 불리한 싸움을 거부하다 선조에게 파직을 당하기도 했습니다. 이순신 장군은 계산을 잘했던 것입니다.

이 망대와 전쟁의 비유는 특이한데, 그것은 예수님의 비유 중에 매우 현실적인 지혜를 전하는 거의 유일한 비유이기 때문입니다. 이를 달리 '잠언적 지혜'라고 부릅니다. 예수님의 이 비유가 잠언적 지혜이기는 하지만, 그 의도는 생명이냐 죽음이냐, 제자의 길이냐 불신자의 길이냐를 결정하는 매우 심각한 성격입니다.

이와 유사한 비유가 〈도마복음〉 98번에 실려 있습니다. '자객의 비유'라 불리는 이 비유 또한 매우 특이합니다. "예수께서 말씀하시니라. 아버지의 나라는 권세자를 죽이려는 한 사람과 같도다. 집에 있을 동안에 그는 칼을 뽑아 벽에 찔러 손이 충분히 강한지 알고자 하였다. 그런 다음에 그는 그 권세자를 죽였느니라." 테러리스트가 주인공이고, 살인 행위가 모범처럼 등장한다는 점에서 매우 파격적입니다. 이 비유의 요지는 위험한 행동을 취하기 전에 충분히 자신의 능력을 테스트해보라는 교훈입니다. 정말 예수님의 비유일까 하는 의심은 들지만, 오히려 매우 세속적이고, 저속한 행동을 모범으로 보임으로써 그보다 더 고상한 것을 추구하는 자는 얼마나 더 신중해야 하는지를 보여주고 있습니다.

우리는 계산하는 것을 마치 믿음이 없는 것처럼 오해합니다. 그러나 생각은 하나님께서 우리에게 주신 강력한 도구입니다. 신앙은 무모하지 않습니다. 예수님의 비폭력도 하나의 전략으로 이해할 수 있습니다. 유대의 열심당원들은 자신의 힘도 계산하지 않은 채 폭력주의로 가다가 로마 군대에 의해서 철저히 파괴되었습니다. 약자가 강자에게 저항하는 최고의 투쟁방식이 바로 비폭력입니다. 오리를 가고자 하는 자에게 십리를 가고, 오른편 뺨을 치는 자에게 왼편마저 내어놓습니다. 폭력 앞에 저항하기보다 자기 목숨을 내어놓는 것이 십자가의 길입니다. 그런데 이 예수의 비폭력 노선이 사람들의 정의감을 자극했고, 결국 로마를 무너뜨렸습니다.

다윗의 계산

계산을 잘했던 성서 인물로 다윗을 들 수 있습니다. 다윗은 거인 골리앗과 싸워 이겼습니다. 골리앗은 키가 매우 크고 힘이 센 장수였습니다. 사무엘서에서는 골리앗의 키가 여섯 규빗 한 뼘에 달했다고 전합니다. 오늘날 도량으로 환산하면 283cm에 해당하는 마치 산과 같은 존재였습니다. 갑옷의 무게만도 58kg에 달했고, 창대는 베틀채처럼 굵고 그 창날의 무게만도 7kg이었습니다. 이 골리앗 앞에 이스라엘 군사들은 제대로 싸우지도 못하고 주눅 들어 있었습니다.

다윗은 작고 어렸지만, 갑옷과 투구로 무장하지 않고 목동의 복장 채로 전선에 뛰어들었습니다. 그 손에는 오직 막대기와 물맷돌 다섯 개만 들려있었습니다. 다윗의 신앙이 좋아서 그랬나요?

"만군의 여호와의 이름"을 믿고서 이렇게 무모하게 뛰어든 것인가요? 아닙니다. 다윗은 계산을 했습니다. 칼로 맞서 싸우는 근접전으로는 승산이 없다는 판단을 내렸습니다.

다윗은 자기의 경험과 자기의 장점이 무엇인지 생각했습니다. 그렇게 분석한 내용이 사무엘상 17장 34-36절입니다. "주의 종이 아버지의 양을 지킬 때에 사자나 곰이 와서 양 떼에서 새끼를 물어가면 내가 따라가서 그것을 치고, 그 입에서 새끼를 건져내었고, 그것이 일어나 나를 해하고자 하면 내가 그 수염을 잡고 그것을 쳐죽였나이다."

다윗은 사자와 곰과의 싸움에서 승리했던 경험이 있었습니다. 다윗은 그때 물맷돌로 그런 승리를 거두었습니다. 다윗은 오랜 양치기 생활에서 물맷돌 던지기 선수가 되어 있었습니다. 그것이 자신의 장점이고 이 방식으로라면 승산이 있다는 계산이 섰습니다. 다윗은 먼 거리에서 물맷돌을 던졌고 그 돌은 정확히 골리앗의 이마에 명중했습니다. 골리앗은 사자나 곰처럼 단 한 방에 나가떨어지고 말았습니다.

다윗의 믿음은 생각하는 믿음이었습니다. 예수님은 제자들을 파송하며 "뱀 같이 지혜롭고 비둘기 같이 순결하라"마 10:16라고 말씀했습니다. 본문의 비유가 뱀 같이 지혜로운 것이 어떠한 것인지 그 예를 보여줍니다.

인간이 제대로 계산하지 못하는 이유는 그 안에 있는 탐욕과 권력욕 때문입니다. 욕심에 눈이 어두워져 실상을 제대로 보지 못합니다. 신앙으로 포장하고 있지만 실은 그 안에 똬리 틀고 있는 것은 욕심과 불안입니다. 기도라는 행위는 우리 마음에 평안을 가져다주면서 현실을 제대로 볼 수 있게 합니다. 욕심과 무지를 걷어내고 우리의 믿음을 현실성 있게 만듭니다. 라인홀드 니버^{Reinhold} ^{Niebuhr}의 기도문으로 알려진 그 기도가 우리에게는 필요합니다.

"바꿀 수 없는 것은 받아들이는 평온함을 주소서.
바꿀 수 있는 것은 바꾸는 용기를 주소서.
그리고 그 차이를 분별할 수 있는 지혜를 주소서."

19

무익한 자가 유익하다

무익한 종의 비유 [누가 17:7-10]
너희 중 누구에게 밭을 갈거나 양을 치거나 하는 종이 있어 밭에서 돌아오면 그더
러 곧 와 앉아서 먹으라 말할 자가 있느냐? 도리어 그더러 내 먹을 것을 준비하고
띠를 띠고 내가 먹고 마시는 동안에 수종 들고 너는 그 후에 먹고 마시라 하지 않
겠느냐? 이와 같이 너희도 명령받은 것을 다 행한 후에 이르기를 우리는 무익한
종이라 우리가 하여야 할 일을 한 것뿐이라 할지니라

후견인patron과 의존인client

어떤 사람이 있었습니다. 그가 밖에서 열심히 밭을 갈고, 양을
치고 돌아왔습니다. 피곤해서 좀 쉬려는데 집에서 편히 놀기만 하
던 사람이 밥상을 차려 달라고 합니다. 꾹 참고 밥상을 차려 주었
습니다. 그런데 여기에 더하여 자기 옆에서 물과 수건을 들고 밥
먹는 시중을 들라고 합니다. 밥은 자기가 다 먹고 난 다음 그 나머

지를 먹으라고 합니다. 일절 고맙다는 말도 하지 않습니다.

현대인이라면 당장 부당하다고 항의할 것입니다. 자기 일한 것에 상응하는 합당한 대우를 요구할 것입니다. 그러나 만일 예수님의 비유처럼 그것이 종과 주인의 관계였다면 어떻습니까? 그럴 경우는 아마 당연하다고 생각할 것입니다. 이때는 고대 노예제 사회입니다. 종은 자기주장을 할 수 없습니다. 주인이 시키는 대로 해야 하고 이보다 더한 일도 해야 합니다.

종은 무익한 존재일 뿐입니다. 여기 '무익한'이라는 말은 '쓸모없다'거나 '게으르다'는 뜻이 아닙니다. '무가치한' 그래서 '가련한'으로도 해석할 수 있는 종의 비참한 처지를 말합니다. 누가는 지금 이 비유를 자기 의를 내세우는 바리새인을 향한 공격용으로, 아니면 초대교회에서 열심히 헌신하고 그 대가를 요구하는 교회 지도자들을 향한 경고로 사용합니다.

그런데 만일 실제 노예들이 이 말을 들었을 때 그 기분은 어땠을까요? 자신들의 곤고한 처지를 비관하거나, 주인들의 횡포에 분노하지 않았을까요? 이미 로마는 BC 73-71년에 노예 검투사들에 의한 스파르타쿠스의 난War of Spartacus을 치른 바 있습니다. 노예들에 의해 이탈리아 남부가 장악당했고, 로마는 그 보복으로 반란군 6천여 명을 십자가의 형틀에 매달아 아피아 가도 상에 전시했습니다. 항상 있었던 노예 반란의 구호는 노예들의 처우 개선과 자유였습니다. 예수님의 이 비유를 듣던 갈릴리 농민이나 초대교회의 노예들은 어떤 마음이었을까요? 명예도 대가도 바라지 않고 충성하자? 아니면 신분 차별에 대한 불편한 감정?

7절, 8절, 9절은 모두 '누가 …하지 않겠느냐?'는 식의 의문형으로 구성되었습니다. 당연한 동의를 기대하는 투의 문장이지만, 반대로 정말 의문형으로 읽을 수도 있습니다. 이런 신분적 질서와 차별은 부당하다는 의미로 말입니다. 고대 로마 사회의 신분적 질서를 '후견인patron-의존인client' 가치체계로 규정합니다.

황제를 정점으로 권력의 피라미드를 형성하는데, 아래로 내려가며 후견인과 그 도움을 받는 의존인 구조로 광대한 연결망을 형성합니다. 지방의 귀족들은 로마 본토의 명문 가문과 어떻게든 이런 후견인-의존인 관계를 만들려고 애를 씁니다. 그래야 출세나 안전이 보장됩니다. 하층의 조직이나 대가족 관계, 길드나 상업이나 도시 조직도 이런 관계망으로 형성되었습니다. 고대 노예제도 또한 후견인과 의존인 관계의 한 특수 형태라 할 수 있습니다. 실제 노예들은 자유민이 되어도 옛 주인을 후견인으로 모셨으며, 주인이 경제적으로 어려울 때는 심지어 자기 재산까지 내놓아야 했습니다. 힘 있는 후견인의 경우는 아침마다 그 대문 앞에 문안인사하려는 의존인들로 장사진을 이룰 정도였습니다. 사도 바울이 자비량 선교를 고집했던 이유 중 하나는 바로 이런 후원-수혜 관계에 얽히지 않기 위해서였습니다.

이런 후견 관계를 맺는 것이 출세의 지름길이고, 좋은 관계를 맺지 못하면 무능력자와 가난한 자로 전락했습니다. 스토아 철학자 세네카L. A. Seneca는 후견인-의존인 관계가 로마 제국주의를 유지하는 중요한 관건이라고 하며 다음과 같이 말합니다. "살인과 전제정치와 나라를 배반하는 일들은 항상 있을 것이다. 그러나 이것보다 더 나쁜 일은 감사를 모르는 범죄이다."《은혜론》 1.10.4 감사를 모른다는 것은 후견인이 베푼 은혜나 선물에 대해서 의존인이 보답하지 않는 것을 말합니다. 의존인들은 후견인에 대한 절대적 충성과 지지를 해야 하며, 가난한 문인은 자신의 연설이나 작품을 통하여 주인의 명예를 높임으로써 감사를 표해야 합니다.

그런 점에서 예수 운동은 이런 신분적 질서를 깨뜨리며, 평등 공동체를 목표로 한 운동으로 규정할 수 있습니다. 잔치 석상에 엘리트와 농민 구분 없이, 부정한 자나 정결한 자나 차별 없이, 유대인과 이방인 등 민족적 장벽 없이 아무나 함께 앉아 동일한 음식을 먹을 수 있었던 식탁 공동체가 바로 대표적인 예수 운동의 실상입니다. 권력의 자리에 앉지 말고, 높아지기보다는 낮아지고 섬기라는 주님의 명령은 후견인-의존인 관계로 이루어진 가치체계에 대한 정면 도전입니다.

그런 예수님이 무익한 종의 비유를 이처럼 아무런 문제의식 없이 사용했다고 보기엔 좀 의심스럽습니다. 이 비유를 듣던 가난한 민중들도 무익한 종처럼 절대적으로 충성해야 한다는 식으로 들었을 것 같지는 않습니다. 오히려 이런 신분 질서와 차별을 깬 예수 운동과 비교되는, 세상의 질서에 대한 비판용으로 이 비유를 이용했을 것 같습니다.

한국교회와 무익한 종의 정신

이 무익한 종의 비유는 예수님의 손을 떠나 초대교회의 상황에서 새롭게 해석되었습니다. 교회가 로마제국 내에서 존재하기 위해서는 그 사회의 문화나 가치체계를 수용해야 할 필요가 있습니다. 초대교회는 예수님의 급진성에서 후퇴하여 공인된 종교화의 길로 나아갔습니다. 급진적 비유는 이제 교회의 윤리로 탈바꿈했습니다. 바로 복음서 기자들이 했던 작업입니다. 복음서에는 역사적 예수의 말과 초대교회의 해석이 함께 뒤엉켜 있습니다. 물론 초대교회의 해석 또한 성령의 감동으로 이루어진, 그 시대를 향한 하나님의 말씀이었습니다.

충성하고도 끝까지 무익한 종의 자세를 유지하라는 누가의 해석은 오늘 우리 한국교회에 절대적으로 필요한 말씀입니다. 내가 수고해서 교회를 세우고, 내가 많은 고난을 받고, 내가 많은 시간을 들이고 헌신했다 할지라도 이것이 자기 자랑이 되어서는 안 됩니다. 수고의 대가를 요구해서도 안 됩니다. 예수님의 종으로서 당연히 해야 할 일을 한 것뿐입니다. 한국교회는 처음에는 이처럼 충성스런 종의 자세로 시작했지만, 그 마지막에는 주인 행세를 하려는 종들이 많아져 위기를 맞고 있습니다.

한국교회는 6,70년대 매우 어려운 시절을 보냈습니다. 개척 전선에 뛰어들었던 대부분의 목회자들은 정말 어렵게 살았습니다. 그때 '성미함'이라는 것이 있어 성도들이 자기 집 쌀을 모아서 교회의 성미함에 넣었습니다. 이는 가난한 목회자들을 위한 양식이었습니다. 경제력이 없던 여성들이 목회자를 돕기 위해 자기 집 쌀 한 바가지를 몰래 퍼왔습니다.

당시 신학교는 항상 미달이었는데 목회가 그야말로 십자가의 길이기 때문이었습니다. 단란한 가정의 행복은 상상할 수도 없었습니다. 가족과 자녀들을 내팽개치고 오직 목회에만 전념하였습니다. 오늘 한국교회가 이처럼 괄목할 만한 성장을 하게 된 것은 주의 종들의 이런 수고가 있었기 때문입니다.

그런데 문제는 이렇게 열심히 일하고 집에 돌아와서 발생했습니다. 수고했으니 '밥상 내놔라. 시중 들어라.' 하며 권리를 요구하기 시작했습니다. 내가 헌신해서 큰 교회를 이루었으니 그에 대한 대가를 달라고 합니다. 물질적인 보상과 세상의 명예를 요구합니다. 힘들여 이루어 놓은 것을 남에게 주기 아깝다고 하여 목회 세습마저 자행합니다.

덩달아 장로나 권사 등 중직자들도 권리를 요구하기 시작했습니다. 이만큼 헌금했으니, 이만큼 봉사했으니 그 권리를 찾겠다는 것입니다. 중직자들은 물질보다는 말의 권세를 요구했습니다. 가장 많이 헌신한 장로가 교회를 쥐고 흔들고, 심지어 교회 분열에 앞장섭니다. 교회에서 문제를 일으키는 자는 대부분 헌금을 많이 하고, 헌신을 많이 한 중직자들입니다. 교회의 주인은 예수님입니다. 우리는 종입니다. 아무리 헌신했다고 할지라도 대가를 요구할 수 없습니다. 우리는 무익한 종일 뿐입니다.

어느 교회 목사님이 정년퇴직하면서 마지막 은퇴사를 하게 되었습니다. 이분은 이 교회에 23년 동안 목회하며 교회를 성장시킨 소위 공로가 많은 목사님이셨습니다. 그래서 자기의 권리를 주장해도 아무도 반대할 수 없는 그런 상황이었습니다. 더구나 이분은 65세에 조기은퇴를 하기로 결정하였습니다. 그때가 1981년도니까 그 당시로서는 매우 이례적인 일이었습니다. 더욱 놀라웠던 것은 이분의 고별사가 채 1분도 걸리지 않았다는 점입니다. 이 목사님은 본문의 무익한 종과 관련된 말씀을 읽었습니다.

"명한 대로 행했다고 종에게 사례하겠느냐? 우리는 다 무익한 종이라. 마땅히 하여야 할 일을 한 것뿐이라." 이 말씀을 읽은 뒤 교인들에게 "무익한 종은 물러갑니다. 그동안 고마웠습니다." 하고는 강대상을 내려왔다고 합니다. 그는 청량리 중앙교회를 담임

했던 임택진 목사입니다. 무익한 종의 자세가 어떠해야 하는지를 모범으로 보여주었습니다. 목회에서 물러난 후에도 교회의 일에는 일체 관여하지 않았고, 설교도 하지 않았습니다. 교인들이 후임 목사 청빙에 대해 의견을 물어도 "그게 내 교회냐?" 하며 일언반구도 하지 않았다고 합니다.

무익한 자가 유익하다

이 비유가 주는 놀라움은 이 종이 무익한 종으로 끝나지 않는다는 것입니다. 무익해지면 무익해질수록 우리는 유익한 존재가 됩니다. "무명한 자 같으나 유명한 자요 죽은 자 같으나 보라 우리가 살아 있고"고후 6:9 항아리가 쓸모 있는 것은 속이 비어 있기 때문입니다. 스스로가 무익한 존재가 될수록 하나님은 그 안에 주님의 보화들을 가득 채우실 수 있습니다. "우리가 이 보배를 질그릇에 가졌으니"고후 4:7 사도 바울의 이 고백은 무익한 자가 어떻게 유익한 자가 되는지를 잘 보여줍니다.

동양고전 《장자》에 쓸모없는 무익한 나무에 대한 우화가 있습니다. 어느 마을에 엄청나게 큰 상수리나무가 있었습니다. 이 나무는 산을 덮을 만한 크기였고, 그 목재로 수십 척의 배를 만들 수 있을 정도였습니다. 그런데 장석이라는 유명한 목수가 이 나무를 보고는 "쓸모없는 나무다!" 하며 거들떠보지도 않았습니다. 크기는 하지만 배로 만들면 금방 가라앉고, 관을 만들면 곧 썩고, 진액이 흐르고 부서지기 쉬워 문짝이나 그릇으로도 쓸 수 없다고 하였습니다.

그런데 장석이 집에 돌아와 잠을 자다 꿈을 꾸었는데, 이 상수리나무가 나타나 장석을 나무라는 것이었습니다. "그대는 내가 과일나무처럼 쓸모 있기를 바라는가? 그것들은 다 잡아 뜯기고 가지가 꺾이고 말았다네. 그 재능 때문에 다 베어져 없어지고 말았지. 나는 쓸모없기를 바란 지가 오래다. 그 덕분에 몇 번이고 죽을 고비를 넘겨 온전함을 유지하고 있네. 내가 유용한 재목이었다면 어찌 이렇게 큰 나무가 될 수 있었겠는가?"

성경 말씀으로 다시 푼다면 무익한 자가 실상은 유익한 자입니다. 무익한 자가 실상 하나님이 주시는 모든 유익을 누릴 수 있습니다. 하나님은 건축자의 버린 돌을 가져다가 큰 집의 모퉁이 돌로 삼으시는 분입니다. 겸손하여 스스로를 무익한 자라 고백하는 사람을 들어 쓰셔서 세상을 유익하게 만드는 것이 하나님의 역사입니다.

20

사람을 고쳐 쓸 수 있을까?

열매 맺지 않는 나무의 비유 [누가 13:6-9]
한 사람이 포도원에 무화과나무를 심은 것이 있더니, 와서 그 열매를 구하였으나
얻지 못한지라 포도원지기에게 이르되 "내가 삼 년을 와서 이 무화과나무에서 열
매를 구하되 얻지 못하니 찍어버리라. 어찌 땅만 버리게 하겠느냐?" 대답하여 이
르되 "주인이여 금년에도 그대로 두소서. 내가 두루 파고 거름을 주리니 이후에
만일 열매가 열면 좋거니와 그렇지 않으면 찍어버리소서."

포도원에 심긴 무화과나무

비유가 좀 이상합니다. 포도원에는 포도나무를 심어야 합니
다. 그런데 본문은 포도원에 무화과나무를 심었다고 말씀합니다.
사실 유대 땅에서는 포도원에 포도나무만 심지 않고 다른 과일나
무들을 섞어 심기도 합니다. 그냥 농장이나 어떤 땅에 무화과나무
를 심었다고 하면 비유가 명확할 터인데, 이렇게 말씀하셨다는 것

은 예수님의 의도가 있어 보입니다.

이 비유는 그럴 자격이 없는 사람들이 선택받은 사실을 은연중 드러내고 있습니다. 포도원에는 원래 아브라함의 자손이라 불리는 이스라엘 백성들이 심겨야 합니다. 그런데 이곳에 정통 이스라엘이 아닌 버림받은 죄인과 세리들이 심겼습니다. 유대인들이 아닌, 이방인이 그 자리에 들어가게 되었습니다.

이런 하나님의 구원사를 사도 바울은 감람나무의 접붙임으로 설명하였습니다. "가지 얼마가 꺾이었는데 돌감람나무인 네가 그들 중에 접붙임이 되어 참감람나무 뿌리의 진액을 함께 받는 자가 되었으니"롬 11:17 이스라엘은 참감람나무이고, 접붙임을 받은 돌감람나무는 이방인들을 의미합니다.

이처럼 현재 우리에게 주어진 구원의 은혜는 당연한 것이 아니었습니다. 들어가지 못할 곳에, 아니면 다른 사람을 대신하여 그 자리를 차지하게 되었습니다. 이는 구원사를 넘어 인류 역사나 우리 인생사를 보여주는 비유이기도 합니다. 대부분 개척과 발전은 다른 사람의 토대나 땅을 빼앗거나 잠식함으로써 이루어집니다. 미국이 아메리카 인디언의 땅을 빼앗아 그 위에 위대한 아메리카를 건설한 것과 같습니다. '나'라는 나무가 자라기까지 얼마나 많은 사람이 희생해야 했습니까? 부모님들의 희생이 있었고, 주위 친구들과 이웃들의 보살핌이 있었고, 사회의 아낌없는 투자가 있었습니다.

이 사실을 인정하고 감사하는 것이 바로 '빚진 자'의 의식입니다. 내가 많은 사랑을 받았다고 생각할 때 비로소 다른 사람들을 위한 희생의 마음이 들게 마련입니다. 성공한 이들은 이 감사의식을 가져야 합니다. 감사는 이 모든 것이 은혜로 주어졌다는 고백입니다.

그렇지만 무화과나무는 출발부터 위태롭습니다. 자기 땅 아닌 곳에 심겼기 때문입니다. 그러니 그 필요를 맞추지 못하면 가차 없이 잘릴 운명입니다. 더욱이 무화과나무는 포도나무보다 5-6배 정도 더 많은 자리를 차지하고, 양분도 더 많이 흡수합니다. 7절에 주인이 "어찌 땅만 버리게 하겠느냐!"라고 한탄하는데 무화과나무가 다른 어떤 나무보다 많은 양분을 빨아들이기 때문입니다. 그러니 더 각고의 노력을 하여 합당한 열매를 맺어야 합니다.

합당한 열매

무화과나무가 자라는 데는 보통 3-4년 정도 걸린다고 합니다. 이때쯤 되면 사람들은 열매를 기대합니다. 주인도 열매를 기대하고 포도원에 갔지만 열매가 없었습니다. 다음에는 열리겠지 하고 갔는데 역시 열매가 없었습니다. 이렇게 삼 년이 흘렀지만 변변한 열매 하나 얻을 수 없었습니다. 그러자 주인이 포도원지기에게 말합니다. "내가 삼 년을 와서 이 무화과나무에서 열매를 구하되 얻지 못하니 찍어버리라 어찌 땅만 버리게 하겠느냐"7절

주인이 원하는 것은 열매입니다. 사람들도 열매를 바라고, 하나님도 열매를 바랍니다. 하나님은 열매가 없어도 무조건 참는 그런 영원한 박애주의자가 아닙니다. 자기 스스로도 성장이나 열매가 없으면 낙담하기 마련입니다. 역사에서도 진보나 발전을 바라지, 퇴보나 회귀를 원하는 자는 거의 없습니다.

시편 1편에서는 복 있는 사람의 모습 중 하나로 "시냇가에 심은 나무가 철을 따라 열매를 맺으며"시 1:3라고 말씀합니다. 나무의 목적이 열매에 있듯, 인생의 목적 또한 열매입니다. 열매에는 일의 열매가 있고, 인격의 열매가 있습니다. 일이나 사역에서 아름다운 열매를 맺기를 하나님은 원하십니다. 성서는 그 열매를 성령의 열매라 규정합니다. "오직 성령의 열매는 사랑과 희락과 화평과 오래 참음과 자비와 양선과 충성과 온유와 절제니"갈 5:22-23

한국교회를 향한 세상의 비판이 심한 이유는 그에 합당한 열매를 찾아보기 어렵기 때문입니다. 대한민국의 5분의 1이 기독교인이고, 기독교 역사가 140년을 넘겼으면 교회뿐만 아니라, 사회가 조금이라도 변했어야 합니다. 물질보다는 사람 사랑의 열매, 부패보다는 정직의 열매, 분열과 불화보다는 평화의 열매, 증오와 배제보다는 용서와 포용의 열매, 불평과 탄식보다는 감사의 열매, 이기적인 욕망보다는 나눔과 섬김의 열매가 맺혀 있어야 합니다.

몇십 년 전 어느 한국 크리스천과 일본 크리스천이 만나서 자가 나라의 신앙을 자랑하기 시작했습니다. 한국 크리스천이 먼저 자랑하며 물었습니다. "우리는 선교 역사가 120년밖에 되지 않았지만 전 인구의 25퍼센트가 크리스천입니다. 당신네는 선교 역사가 5백 년이 넘어가는데 어째서 1퍼센트를 넘기지 못합니까?" 가만히 듣던 일본 크리스천이 반문했습니다. "그러면 한국은 이미 천국이 되었겠군요?"

바닷물의 소금은 3.5퍼센트에 불과하지만, 짠맛을 내고 바다의 부패를 방지합니다. 일제시대 한국교회는 1.5퍼센트밖에 되지 않았지만 민족사를 이끌고 수많은 인재를 배출했습니다. 복음화율이 20퍼센트에 육박한다면 거의 사해 수준입니다. 이 수준에 비해 한국교회가 맺은 열매는 미미하고, 오히려 부패하고 부정적인 것이 더 많습니다. '찍어버리라'는 주님의 경고는 지금 한국교회를 향하고 있습니다. 하나님의 인내에도 한계가 있습니다.

무화과나무의 운명은?

주인은 열매 맺지 못하는 무화과나무를 찍어버리라고 명하였습니다. 그러자 과원지기가 간청합니다. "금년에도 그대로 두소서 내가 두루 파고 거름을 주리니 이 후에 만일 열매가 열면 좋거니와 그렇지 않으면 찍어버리소서"8-9절 금년 한 해만 더 기회를 달라는 것입니다. 땅을 파서 더 부드럽게 하고 거름을 더 많이 주는 특단의 조치를 취할 터이니 그래도 열매를 맺지 못하면 그때 가서 찍어버리라는 간청입니다.

무화과나무는 불과 한 해만 유예되었을 뿐입니다. 열매 없는 무화과나무는 회개하지 않는 이스라엘이고, 열매 없는 교회를 상징합니다. 세례 요한은 열매 맺지 못하는 이스라엘을 향하여 외쳤습니다. "이미 도끼가 나무 뿌리에 놓였으니 좋은 열매 맺지 아니하는 나무마다 찍혀 불에 던져지리라"눅 3:9 우리들의 현재가 바로 이 집행유예 상태와 같습니다. 형이 일시 면제되고 보호 관찰을 받고 있습니다. 달리 말하면 덤으로 사는 삶이라 부를 수 있습니다. 이미 끝났어야 하지만, 하나님께서 한 번 더 기회를 주셨습니다.

그런데 심판이 유예되고 덤으로 산다고 하여 사람이 바뀔까요? BC 5세기경에 앗수르의 현인 아히카르Ahiqar가 전하는 유사한 우화가 있습니다. 물가에 있으면서도 열매를 맺지 못하는 나무를 주인이 베려고 하였습니다. 그러자 그 나무가 다른 곳으로 옮겨 달라고 간청하면서, 그렇게 했는데도 열매를 맺지 못하면 그때 가서 찍어버리라고 읍소했습니다. 이 말을 들은 주인이 나무를 향해 "물가에서도 맺지 못했는데 다른 곳에선들 맺겠느냐?" 하며 반문했습니다.

요즘 드라마에 자주 등장하는 대사가 "사람은 고쳐 쓰는 게 아니다."라는 말입니다. 사람이 쉽게 변하지 않는다는 뜻입니다. 본문의 비유는 과원지기의 금년만 유예해달라는 간청으로 마무리됩니다. 과연 무화과나무는 열매를 맺을 수 있을까요? 우리 모두는 위기 앞에 선 무화과나무와 같습니다. 지금은 비상상황입니다. 바뀌어야 할 때입니다.

이스라엘 왕 히스기야는 덤으로 산 인생의 대표적 인물입니다. 히스기야가 병이 들어 죽게 되었고, 선지자 이사야를 통해 "네가 죽고 살지 못한다."왕하 20:1라는 최후통첩을 받았습니다. 이때 히스기야는 낯을 벽으로 향하고 심히 통곡하며 살려 달라고 간청하였고, 하나님으로부터 15년의 생명을 연장받게 됩니다. 15년을 덤으로 더 살게 된 것입니다. 그러면 히스기야는 이 15년을 충실하고 보람있게 살았는가?

성경을 보면 그가 15년 동안 남겼던 열매는 그리 아름답지 않았습니다. 이 기간에 히스기야는 두 가지 결정적인 잘못을 범합니다. 병문안을 온 바벨론 사신에게 자신의 힘을 자랑하기 위해 자기 왕궁에 있는 모든 것을 보여주었습니다. 이 때문에 히스기야는 자신이 보여준 그 모든 것을 바벨론에게 빼앗길 것이라는 유다 패망의 예언을 이사야로부터 듣게 됩니다. 바벨론은 실상 히스기야를 문병온 것이 아니라 정탐하러 온 것이었고, 어리석은 히스기야의 국력 자랑은 결국 패망의 빌미가 되었던 것입니다.

둘째는 므낫세를 낳고 그를 왕위에 오르게 한 잘못입니다. 므낫세가 왕위에 오를 때가 12세라고 하였으니 므낫세는 히스기야가 15년 생명을 연장받은 기간 중 낳은 아들입니다. 그런데 이 므낫세 왕은 이스라엘 역대 왕 중에 가장 악한 왕으로, 55년 통치 기간에 모든 우상을 섬기며 악행을 저질렀습니다. 결국 이런 므낫세의 죄악 때문에 이스라엘의 패망은 돌이킬 수 없게 되었습니다. 성경은 유다 패망에 대해서 이런 결론을 내립니다. "이는 므낫세의 지은 모든 죄 때문이며 또 그가 무죄한 자의 피를 흘려 그의 피가 예루살렘에 가득하게 하였음이라. 여호와께서 사하시기를 즐겨하지 아니하시니라"왕하 24:3-4

덤으로 산다고 해서 반드시 아름다운 열매를 남기는 것은 아닙니다. 옛 습성을 끊어내지 못하면 우리 목숨이 한 해 더 연장된다 할지라도 여전히 이전과 같은 모습일 것입니다. 무화과나무의 예전 습성이 어디로 가겠습니까? 비상한 각오를 하지 않으면 우리는 열매를 남길 수 없습니다. 과원지기는 특단의 조치를 취하겠다고 합니다. 이 조치는 성공할까요?

21

아무 일 안 해도 괜찮아!

스스로 자라는 씨의 비유 [마가 4:26-29]
하나님의 나라는 사람이 씨를 땅에 뿌림과 같으니, 그가 밤낮 자고 깨고 하는 중에
씨가 나서 자라되 어떻게 그리 되는지를 알지 못하느니라. 땅이 스스로 열매를 맺
되 처음에는 싹이요, 다음에는 이삭이요, 그 다음에는 이삭에 충실한 곡식이라

스스로 자란다

하나님 나라는 스스로 자라는 씨와 같습니다. 농부가 씨를 뿌
렸습니다. 밤낮 자고 깨는 중에 씨가 자라기 시작합니다. 처음에는
싹이요, 다음에는 이삭이요, 결국에는 충실한 곡식이 열립니다. 포
인트는 27절 말씀입니다. 농부는 "씨가 나서 자라되 어떻게 그리
되는지를 알지 못한다." 씨에서 싹으로 누가 자라게 하는지, 언제

이런 일이 일어나는지 농부는 모릅니다. 그냥 아무 생각 없이 밤낮으로 자고 깨고 하다 보니 어느새 이만큼 자라고 결국은 추수할 때에 이릅니다.

사실 그렇습니다. 콩 하나 심어 놓고 싹이 나서 자라는 것을 지켜 보는 것처럼 지루한 일도 없습니다. 성질 같아서는 쑥 뽑아서 늘이고 싶습니다. '조장助長'이라는 한자가 있습니다. '조장한다.'는 동사가 여기서 파생되었는데 '도와서 성장시킨다.'는 뜻입니다. 《맹자》에 실린 송나라 한 농부 이야기입니다. 농부는 자기가 심은 곡식의 싹이 빨리 자라지 않자 조급한 마음에 그 싹을 조금씩 뽑아 올렸습니다. 집으로 돌아와서는 가족들에게 "오늘 싹이 빨리 자라도록 도와주었다."라고 말했습니다. 아들이 궁금해서 밭에 가서 보니 싹들이 모두 말라 죽어 있었습니다. 맹자는 이 이야기를 전하며 다음과 같이 교훈합니다. "이처럼 천하에 싹이 자라도록 돕지 않는 사람은 드물다. 자라도록 돕는 사람助之長者은 싹을 뽑아 올리는 자니, 이는 무익할 뿐 아니라 도리어 그것을 해친다."

모든 것은 기다림의 시간이 필요합니다. 충분히 견딜 만큼 견뎌야 합니다. 우리나라는 경제적으로 고도성장을 이루었습니다. 제3세계 국가들이 모델로 삼을 정도의 성장이었습니다. 그런데 그 고도성장이란 것이 문제였습니다. 마치 키만 훌쩍 크고 마음이나 머리는 거기에 미치지 못하는 괴물 같습니다. 선진국들은 오랜 세월 자본주의 성장과 민주주의의 진통을 겪으며 오늘에 이르렀습니다. 그런데 우리는 짧은 몇십 년에 해치우려니 '빨리빨리'라는 조급증이 늘고, 정신적 가치와 기본기의 부족을 보입니다. 경제 성장 수준에 맞는 도덕성, 민주주의 의식, 물질에 대한 철학, 나눔과 공존의 태도가 이에 미치지 못합니다. 우리 사회가 지금 겪고 있는 경제적 사회적 정치적 혼란은 그 성장통이라 할 것입니다. 겪을 것은 겪어야 합니다. 우리는 그 대가를 후불제로 치르고 있습니다.

스스로 자라는 씨의 비유는 하나님 나라에 대한 비유입니다. 예수님은 "하나님 나라가 가까이 왔다."라는 선포로 공생애를 시작하셨습니다. 예수님의 이 비유는 하나님 나라와 관련된 무리들의 궁금증을 한 방에 해결합니다. 먼저는 하나님 나라를 인위적으로 건설하려는 열심당 세력에 대한 경고입니다. 아무 일도 하지 않는 농부의 무위의 자세가 필요합니다. 하나님이 하실 것이고, 인간이 힘쓰다가는 오히려 망치고 더 더딜 것입니다. 이 유혹은 공생애 내내 예수님을 괴롭혔습니다. 행동주의자는 가장 혁명적인 것 같은데, 실상 실타래를 더 엉키게 만드는 경우가 많습니다.

조급증을 내는 제자들을 향하여서는 인내심을 가질 것에 대한 교훈입니다. 조바심 내지 말고 주어진 일에 충실하다 보면 하나님 나라는 때가 되면 임할 것입니다. 예수님은 매우 태평합니다. 안달하지도 않습니다. 예수님은 십자가라는 긴급한 사명이 있었음에도 하나님의 때를 기다렸습니다. 썰물 때에 배를 끌려면 힘이 듭니다. 물이 들어올 때 노를 저어야 합니다. 인간의 시간보다는 자연의 시간에 맞추는 것이 낫고, 그보다는 하나님의 때에 맞추는 것이 가장 효과적입니다.

마지막으로는 하나님 나라의 미미한 모습에 실망한 제자들을 향한 위로입니다. 보이지 않지만 이미 땅속에서 그 생명은 자라고 있습니다. 더딘 것 같지만 꾸준히 성장하고 있습니다. 곧 희어져 추수할 때가 이를 것입니다. 겨자씨 한 알에서 새소리를 듣는 것이 비전입니다. 이 씨가 심겨, 싹이 나고, 큰 숲을 이루고, 거기에 새가 깃들일 것입니다.

깨진 항아리

이와 유사한 비유가 〈도마복음〉 97번에 있습니다. "그 나라는 음식이 가득한 항아리를 옮기는 한 여자와 같도다. 그 여자가 먼 길을 걷는 동안 항아리 손잡이가 부러져 음식이 여자 등 뒤에서 길로 쏟아졌으매 그 여자는 모른지라. 그 여자가 집에 당도하여 그 항아리를 내려놓고서야 그것이 비어 있음을 알게 된지라." 도마복음의 비유들은 해석하기 쉽지 않습니다. 스스로 자라는 씨의 비유가 하나님 나라의 은밀한 성장을 말한다면, 깨진 항아리 비유는 하나님 나라의 은밀한 손실을 말하고 있습니다.

밤에 자고 깨고 하는 중에 하나님 나라는 성장합니다. 반면에 하나님 나라는 일상적인 세속 일에 빠져 있다 보면 조금씩 새어나가기도 합니다. 나중에 비었다는 것을 알았을 때는 이미 늦었습니다. 하나님 나라는 볼 수 있는 가시적 형태, 곧 묵시적 종말의 형태가 전부가 아닙니다. 종말은 그 정점인 열매나 추수에 해당할 뿐입니다. 이미 하나님 나라는 이 땅에 침투하여 자라고 있습니다.

우리의 일상 세계와 어울려 하나님 나라는 자라고 있습니다. 생활 속에서 우리가 충실히 주님의 말씀을 따라 살아갈 때 하나님 나라는 점점 더 성장합니다. 종말의 날이 전부라고 생각하며 일상의 삶은 방탕하거나 무감각하게 살아간다면, 정작 그날이 왔을 때는 자기의 항아리가 비었음을 보고 낭패에 빠질 것입니다. 신랑을 기다리다 잠든 미련한 다섯 처녀가 자신의 기름이 없음을 깨달았을 때는 이미 늦었습니다. 그들은 기름이 새고 있는지를 몰랐던 것입니다. 그 혼인 잔치에 참여할 수 없습니다.

싹 다음에 이삭, 이삭 다음에 알곡

스스로 자라는 씨의 비유는 교회사에서 매우 다채롭게 해석되었습니다. 이 비유를 특히 좋아했던 자들은 19세기의 자유주의자였습니다. 자유주의자들은 인간의 이성에 대한 신뢰와 함께 역사가 발전한다는 낙관론을 가지고 있었습니다. 이 비유는 역사의 발전을 잘 보여줍니다. 씨를 뿌리는 파종기, 싹과 이삭과 곡식으로 나아가는 성장기, 역사의 정점에 이른 유토피아의 세계인 추수기입니다. 이는 또한 인간 의식의 성장으로도 볼 수 있습니다. 하등한 존재에서 이성과 과학을 활용하는, 점점 개화되는 인간의 정신사를 보여줍니다.

그러나 이런 낙관주의는 20세기의 제1, 2차 세계대전으로 박살나고 맙니다. 인간이 합리적 존재가 아니고, 그 탐욕과 무지에 의해서 세계사가 얼마나 퇴행할 수 있는지 적나라하게 드러났습니다. 이를 비판하고 나선 것이 바로 칼 바르트의 신정통주의입니다. 바르트가 썼던 《로마서강해》는 자유주의자들의 놀이터에 떨어진 폭탄에 비유됩니다.

하나님의 절대적 명령 앞에 인간은 무릎 꿇을 것을 요구한 것이 신정통주의입니다. 인간 이성의 잘못된 사용을 막고, 삶의 윤리의 절대성을 회복하려는 신앙운동입니다. 신정통주의자들은 본문의 비유를 자유주의자와는 다른 방향으로 해석했습니다. "밤낮 자고 깨고 하는 중에 씨가 나서 자라되 어떻게 그리 되는지를 알지 못하고"를 인간적 희망이나 인식의 무능력으로, "땅이 스스로 열매를 맺되"를 인간의 실패와 하나님 주도적 초월성으로 해석했습니다.

자유주의자들의 섣부른 낙관론은 경계해야 하지만, 하나님 나라가 싹에서 이삭으로, 이삭에서 알곡으로, 결국에는 추수에 이르는 발전적 경향을 보이는 것처럼, 역사의 궤적 또한 이에 상응하는 모습을 보입니다. 우리가 역사를 향한 희망의 씨를 품을 수 있는 이유가 여기에 있습니다. 어떤 때는 역사가 거꾸로 가는 것 같고, 어둠만 가득한 것 같지만, 우리 민족을 향한 주님의 계획이 있고, 그 계획이 실현될 것이라는 믿음을 우리는 가지고 있습니다. 역사가 발전하여 정의와 사랑과 평화와 통일과 자유와 풍요의 하나님 나라가 이 땅에 임할 것을 우리는 믿습니다.

역사학자 강만길 선생이 자서전을 쓰면서 '역사가 무엇인가?'라는 질문을 받았습니다. 그때 선생은 이렇게 말했습니다. "역사는 인류가 이상하던 것들을 현실화하는 과정이다." 실제 역사는 인간이 이상하던 대로 불평등에서 모든 사람이 평등한 민주주의의 실현을 향해 달려왔습니다. 불의에서 정의로, 빈곤에서 번영으로, 분열에서 통일로, 전쟁에서 평화로, 개발과 착취에서 상생과 공존의 길로 나아가고 있습니다. 역사를 거스르는 흐름도 있고, 제자리를 맴도는 것처럼 보일 때도 있습니다. 그러나 이것이 도도한 역사의 흐름을 바꿀 수는 없습니다. 이는 하나님 나라가 지향하는 바이기도 합니다. 보편사와 구원사는 앞서거니 뒤서거니 하며 서로 일치하는 그 종말의 포인트를 향해 달려갑니다.

모든 것에는 때가 있다

우리 인생도 스스로 자라는 씨의 비유와 같습니다. 때가 되면 싹이 나고 꽃이 필 것입니다. 아직 이삭이 나오지 않았다면 그것은 아직 하나님의 때가 아니기 때문입니다. 대한민국이 낳은 천재 음악가 윤이상 선생이 그가 유명해지기 전에 쓴 편지에서 그 아내에게 이렇게 쓴 적이 있습니다. "나도 언젠가는 꽃필 날이 있을 것이외다." 우리 인생을 이끌어 가는 것은 하나님입니다. 때가 되면 이루어질 것입니다.

싹이 나지 아니할까, 잘 자랄까, 열매를 얼마나 맺을까 염려해도 소용이 없습니다. 우리가 할 수 있는 일은 아무것도 없기 때문입니다. 인생이 힘든 것은 능력도 되지 않으면서 자기가 모든 것을 책임지려 하기 때문입니다. 인간은 양에 불과합니다. 양은 무기가 없습니다. 목자가 자신의 유일한 무기입니다. 양은 목자 옆에만 잘 붙어있으면 됩니다. 양이 스스로 모든 것을 책임지려 하다가는 길을 잃기 쉽습니다. 내가 일하지 아니할지라도 하나님께서 일하신다는 사실을 믿으십시오. 오히려 우리가 멈출 때 하나님께서 일하기 시작합니다.

독일의 설교가 헬무트 틸리케는 이렇게 말합니다. "신앙이란 고요히 기다려 하나님이 말씀하실 때 수용적으로 되는 것과, 하나님이 일하실 때 고요히 머물러 있는 것 외에 아무것도 아니다."《기다리는 아버지》 스스로 자라 열매 맺는 씨앗의 비유는 우리가 일하지 않을지라도, 하나님께서 일하신다는 확신을 줍니다. 자녀를 양육할 때 부모들이 가져야 할 마음입니다. 지나치게 개입하지 마십시오. 하나님이 지키시고 하나님이 성장시켜 가고 있습니다.

종교개혁자 루터의 말입니다. "내가 비텐베르크 맥주를 한 잔 마시는 동안에도 복음은 제 길을 가고 있습니다." 종교개혁의 엄혹한 상황에서 루터가 했던 말입니다. 당신이 복음을 위해 일하고 있다고 생각하지 마십시오. 내가 열심히 전하지 않으면 복음은 멈출 것이라고 생각하지 마십시오. 당신이 편히 쉬고 있는 이 시간에도 하나님은 자기 일을 하고 계십니다. 목회나 선교에 지나치게 열심을 내다 탈진한 주의 종들이 새겨들어야 할 말입니다.

"눈물을 흘리며 씨를 뿌리는 자는 기쁨으로 거두리로다" 하며 지혜문학에서는 성실과 지혜를 권면합니다. 그런 자가 성공적인 수확을 한다고 교훈합니다. 예수님은 스스로 자라는 씨 비유를 통해 전통적인 지혜를 뒤집고 있습니다. 주님은 성공하기 위해서는 오히려 믿음과 여유와 쉼이 필요하다고 말씀합니다. 지혜가 필요하다면 성실과 근면의 지혜가 아니라, 때와 자기를 아는 지혜가 더 필요합니다.

22
비유가 된 엠마오 두 제자

엠마오 두 제자 이야기 [누가 24:13-35]
그날에 그들 중 둘이 예루살렘에서 이십오 리 되는 엠마오라 하는 마을로 가면서
이 모든 된 일을 서로 이야기하더라. 그들이 서로 이야기하며 문의할 때에 예수께
서 가까이 이르러 그들과 동행하시나 그들의 눈이 가리어져서 그인 줄 알아보지
못하거늘... 그들과 함께 음식 잡수실 때에 떡을 가지사 축사하시고 떼어 그들에게
주시니 그들의 눈이 밝아져 그인 줄 알아 보더니, 예수는 그들에게 보이지 아니하
시는지라. 그들이 서로 말하되 "길에서 우리에게 말씀하시고 우리에게 성경을 풀
어 주실 때에 우리 속에서 마음이 뜨겁지 아니하더냐?"

빈 무덤이 말한다

예수님은 십자가에 못 박혀 죽은 지 삼 일만에 부활하셨습니
다. 제자들이나 초대교회의 신앙은 예수님의 부활로부터 시작되
었습니다. 기독교에서 부활은 신앙의 결정적 근거입니다. 그래서
부활절이 되면 교회 강단에서는 부활이 역사적 사실임을 증명하
려는 여러 시도들이 이루어집니다. 그런데 정작 성경은 너무 빈

약할 정도의 증거를 제시합니다. 22절과 24절의 본문이 그러합니다. "어떤 여자들이 새벽에 무덤에 갔다가 그의 시체는 보지 못하고 와서 그가 살아나셨다 하는 천사들의 나타남을 보았다 함이라... 또 두어 사람이 무덤에 가 과연 여자들이 말한 바와 같음을 보았으나 예수는 보지 못하였느니라 하거늘"

이게 증거가 됩니까? 그 첫 증언이 많은 사람이 예수님의 부활을 목격한 것도 아니고, 또 본 것도 빈 무덤뿐입니다. 그것도 유력한 자의 증언이 아니라 소수 여자들의 증언입니다. 시저가 암살당한 후 장례식을 치를 때 혜성이 출몰했는데, 사람들은 이것을 시저가 하늘로 승천한 것으로 보았습니다. 실제 시저를 기념하는 동전에는 혜성을 새겼습니다. 예수님은 그런 식으로 부활하실 수는 없었던 것입니까? 물론 그후 많은 제자들이 목격했다고 했지만, 첫 증언에서 결정타를 제시하지 못했습니다.

예수님은 드라마틱하고, 확실한 모습으로 부활하지 않았습니다. 사실 이점이 더 놀라운데 성서 저자들은 부활을 증명하려고 애달아하지 않는다는 점입니다. 너무도 확실하기 때문인가요? 그들은 부활을 그냥 선포할 뿐입니다. 그들은 오히려 이것을 우리 믿음을 촉구하는 교육용으로 활용합니다. 빈 무덤이라는 작은 증거를 가지고도 믿을 수 있느냐? 보지 않고도 믿을 수 있느냐는 것입니다. 사실 이는 현대인을 위한 배려입니다. 예수님의 부활을 직접 목격한 자는 제자들과 사도들 외에 얼마 되지 않습니다. 대부분은 부활을 보지 않은 채 믿음을 고백해야 합니다.

빈 무덤은 우리에게 결단을 요구합니다. 이런 빈약한 증거 앞에서도 믿을 수 있습니까? 빈약한 문자를 통해서 우리를 부활의 세계로 인도하는 것이 믿음의 능력이요 신비입니다.

그인 줄 알지 못하고

같은 이유로 엠마오 두 제자가 부활의 예수님을 만난 이 이야기는 역사적 실제보다는 비유로 읽는 것이 더 적절합니다. 예수님을 직접 보지 못했던 초대교회 이후 성도들이 어떻게 믿음을 갖게 되는지를 보여주는 하나의 예화, 곧 비유입니다. '천국은 이와 같으니라.'라는 식으로 비유가 시작되듯, '부활한 예수는 이와 같이 만날 수 있느니라.'라는 식으로 엠마오 두 제자 이야기를 읽을 수 있습니다. 이야기 전개 과정을 보면 그런 암시들이 눈에 띌 정도로 많습니다.

이 두 제자는 예수님이 곁에 계신데도 알아보지 못합니다. 깨닫고 난 이후에는 예수님은 사라지고 없습니다. 인사도 없이 그렇게 사라져야만 했습니까? 네 그래야 합니다. 그것이 초대교회 이후 신자들이 부활의 예수를 경험하는 방식이기 때문입니다.

엠마오는 예루살렘에서 대략 10km 정도 떨어진 곳입니다. 두 제자는 흥분과 실망, 분노와 슬픔이 얽히고설킨 복잡한 감정으로 예루살렘을 등지고 걷고 있었습니다. 그들이 예수님과 함께했던 3년은 꿈만 같았습니다. 메시야 시대가 실제 도래할 줄 알았습니다. 그런데 허무하게 스승은 십자가에 못 박혀 죽임을 당했고, 제자들은 다 뿔뿔이 흩어졌습니다. 이 두 제자도 황급히 예루살렘을 빠져나와 고향으로 향하고 있었습니다. 성경은 "두 사람이 슬픈 빛을 띠고 있었다"17절라고 전합니다.

그때 이 두 사람 곁에 어떤 한 사람이 동행하였습니다. 부활하신 예수님이었습니다. 그런데 그들은 예수님을 알아보지 못합니다. 너무 슬퍼서 그랬나요? 아니면 부활하신 예수님이 성령으로 성형수술을 해서 못 알아본 것인가요? 성경은 간단히 "그들의 눈이 가리어져서 그인 줄 알아보지 못했다"16절라고 전할 뿐입니다.

아무리 그래도 스승의 얼굴은 즉각 알아보아야 하지요. 이들은 끝내 깨닫지 못하다가 떠난 뒤에야 알게 됩니다. 그래서 이는 비유입니다. 깨달음의 비유입니다. 우리 곁에는 어제나 오늘이나 동일하신 예수님이 곁에 계십니다. 다만 우리가 못 알아볼 뿐입니다. 이런 현실은 T. S 엘리엇Thomas Stearns Eliot의 〈황무지〉359-365행에서 잘 노래하고 있습니다.

당신 옆에서 항상 동행하는 그 세 번째 사람은 누구입니까?
세어 보면 당신과 나 둘뿐인데.

눈을 들어 그 하얀 길을 올려다보면
당신 옆에는 언제나 또 한 사람이
갈색 망토를 휘감은 채 소리 없이 걷고 있습니다.
두건을 써 남자인지 여자인지 알 수 없지만
당신 맞은편의 그 사람은 도대체 누구입니까?

이 시는 실제 남극을 탐험하다 조난당하여 36시간 동안 영하 50도의 칼바람을 견디며 살아남았던 탐험가의 이야기를 소재로 하였다고 합니다. 그들은 절체절명의 위기에서 신비한 체험을 하였는데, 그들 곁에 어떤 알 수 없는 한 사람이 함께 걷는 것 같았다고 하였습니다.

현대 사회를 사는 우리 곁에, 차가운 도시의 한복판을 걷는 우리 곁에 예수님이 함께합니다. 우리의 눈이 열려 그 주님을 볼 수 있기를 바랍니다. 문명의 폐허에서, 실패와 고통 속에서도 우리가 희망을 가질 수 있는 것은 주님이 그곳에 함께하기 때문입니다.

성경을 풀어 주실 때에

예수님은 두 제자와 함께 엠마오 길을 걸으면서 성경을 그리스도 중심으로 해석하셨습니다. "모세와 모든 선지자의 글로 시작하여 모든 성경에 쓴 바 자기에 관한 것을 자세히 설명하시니라"[27절] 여기 '설명하셨다'는 헬라어 '헤르메뉴오'는 '해석하다.'라는 뜻인데 영어의 해석학, '허메뉴틱스'hermeneutics가 이 단어에서 유래했습니다. 해석학은 시간과 사회문화적 간격을 넘어 어떻게 뜻이 통할 수 있는가의 문제를 다룹니다. 기독교에서는 성령이 바로 이 역할을 합니다. 성령의 감동은 시공간의 간격을 넘어 현대인들에게 원래 텍스트가 탄생할 때의 그 동일한 의미를, 아니 그때 그 저자도 미처 생각지 못했던 깊은 의미를 우리에게 전달합니다.

말씀이 해석될 때 어떤 일이 일어납니까? 32절입니다. "그들이 서로 말하되 길에서 우리에게 말씀하시고 우리에게 성경을 풀어 주실 때에 우리 속에서 마음이 뜨겁지 아니하더냐" 말씀을 풀어주실 때 마음에 불이 붙으며 예수님을 경험합니다. 말씀을 타고 성령이 역사합니다. 그래서 2천 년 전 팔레스틴 땅에 나타나셨던 부활의 예수님을 현대라는 시간 속에서 만날 수 있습니다.

요한 웨슬리John Wesley가 런던 올더스게이트의 한 모임에서 로마서 주석 서문을 읽을 때의 경험이 이와 같았습니다. 1738년 5월 24일자 웨슬리의 일기입니다. "어떤 사람이 루터의《로마서 강해》'서문'을 읽고 있었다. 밤 9시 15분쯤, 그 낭독자가 그리스도를 믿을 때 하나님께서 우리 마음에 가져오는 변화를 설명하는 중에 내 마음이 이상스럽게 뜨거워짐을 느꼈다. 내가 그리스도를 참으로 믿으며 구원을 위해서 그리스도만을 의지하고 있다는 느낌이었다. 나의 죄를 다 사하시고 죄와 죽음의 법에서 나를 구원해 주셨음을 나는 확신하게 되었다."

현대인들은 이제 말씀을 통해서 부활의 예수를 만납니다. 단순한 깨달음이 아닌 것은 그 과정에 성령이 역사하기 때문입니다. 이 방식으로 우리는 죄와 죽음에서 벗어나 부활의 삶을 누립니다. 그렇게 체험한 예수를 우리가 부활의 예수라 불러서는 안 되는 걸까요?

그들의 눈이 밝아져

엠마오 두 제자가 완전히 예수님을 알아본 순간이 있습니다. 날이 저물어 가기에 이들은 이 낯선 동행자를 억지로 붙잡아 마을의 한 집으로 데리고 들어갔습니다. 머물며 함께 식사하는 중에 그들의 눈이 열렸습니다. "그들과 함께 음식 잡수실 때에 떡을 가지사 축사하시고 떼어 그들에게 주시니 그들의 눈이 밝아져 그인 줄 알아 보더니"30-31절 여기 '떡을 떼다', '축사하다', '나누어주다'라는 단어는 다 성만찬 용어들입니다. 이들은 성만찬의 순간에 눈이 열려 예수님을 보았던 것입니다.

성만찬의 빵은 '보이는 말씀'이라 불립니다. 부활의 예수님을 만나는 또 다른 수단입니다. 성만찬의 빵은 예수님의 몸을 상징합니다. 믿음의 눈으로 우리는 빵 속에 계신 예수님의 모습을 봅니다. 성만찬은 또한 사랑의 연합입니다. 우리가 서로 사랑하는 곳에 예수님이 함께합니다. 하나님을 사랑하고, 서로 사랑하는 그곳에 부활의 주님이 함께합니다. 더 나아가 부활의 주님은 가난한 자, 지극히 작은 자의 모습으로 우리 곁에 함께합니다.

그런데 이 두 제자가 예수님을 인식하는 순간 예수님은 그만 사라지고 없습니다. "그들의 눈이 밝아져 그인 줄 알아보더니 예수는 그들에게 보이지 아니하시는지라"[31절] 예수님은 왜 이처럼 대화나 인사도 없이 갑작스럽게 사라지셔야 했나요? 이는 실제 신앙인들의 예수님 만남을 상징합니다. 찰나의 만남입니다. 말씀이라는 문자 속에서의 짧은 만남입니다. 그런데 그 체험이 인생을 송두리째 바꾸어버립니다.

17세기의 과학자이자 철학자인 파스칼[Blaise Pascal]이 하나님을 만났던 체험이 대표적입니다. 《팡세》의 마지막 편 '메모리알'에는 이렇게 기록되어 있습니다.

1654년[31절] 11월 23일, 밤 10시 반부터 12시 반까지.
'불'[fire]이었다.
철학자와 식자의 하나님이 아닌,
아브라함의 하나님, 이삭의 하나님, 야곱의 하나님.
확신. 확신. 느낌. 기쁨. 평화.

예수 그리스도의 하나님.

인간 영혼의 위대함이여.

의로우신 아버지여, 세상은 당신을 알지 못하여도 나는

당신을 알았습니다.

기쁨, 기쁨, 기쁨, 기쁨의 눈물.

파스칼은 이 글을 양피지에 기록하고는 입고 있던 외투 안쪽에 꿰매어 죽을 때까지 간직하였다고 합니다. 나중에 발견되어 팡세의 마지막 편에 실리게 된 것입니다. 진정한 신앙인이라면 한 번쯤은 이런 체험이 필요합니다. 예수님의 말씀으로 충만하고, 예수님을 향한 사랑과 기쁨으로 가득했던 순간입니다. 우리는 그 추억의 힘으로 살아갑니다. 그 뜨거움을 우리 삶의 변화나 투쟁의 동력으로 삼으며, 부활의 주님과 다시 만날 날을 기약하며 살아갑니다.

엠마오 두 제자의 부활절 경험은 하나의 비유가 되어, 이후 같은 길을 걷는 모든 신앙인을 부활하신 예수와의 만남으로 초대하고 있습니다.

에필로그

"이는 그들로 보기는 보아도 알지 못하며, 듣기는 들어도 깨닫지 못하게 하여"^{마가 4:12}

비유 연구의 대가 예레미아스는 예수의 비유를 총 41개로 분류하였다. 분량이나 내용 면에서 중요한 비유들은 본서에서 대부분 다루었다. 본서에서 다루지 않은 비유 중에 전통적 해석을 흔들거나, 특이한 비유 몇 개를 간략히 해설하면 다음과 같다.

• 두 아들의 비유.^{마태 21:28-31} 개역개정판 한글성경에서는 이 비유를 다음과 같이 설명한다. 어떤 사람이 맏아들에게 포도원에 가서 일하라 하니, 맏아들은 가겠다고 하고는 가지 않았다. 둘째 아들에게 동일하게 부탁하니, 싫다고 하더니 그 후에 뉘우치고 갔다. 예수가 둘 중 누가 아버지의 뜻대로 하였느냐고 물으니 청중들은 둘째 아들이라고 답했다. 둘째 아들은 세리들과 창녀들을 상징하며 이들이 하나님 나라에 들어가고, 맏아들은 유대 지도층과 바

리새인을 상징하며 이들은 심판을 면하지 못한다는 것이 비유의 결론이다. 이는 전통적 해석인 유대 민족은 버림받고, 이방인은 선택받는다는 구원사로 해석하는 방식이다.

그런데 문제는 원본으로 선택한 성경 사본의 차이에서 발생한다. 표준새번역과 영어성경 NRSV, NIV 등의 유력한 성경 번역들은 개역 한글성경과는 다른 읽기를 취한다. 놀랍게도 맏아들과 둘째 아들의 역할과 행동이 뒤바뀐다. 아버지의 말에 처음에는 싫다고 하다가 뉘우치고 밭에 간 자는 맏아들이고, 처음에는 간다고 하더니 결국 불순종한 자는 둘째 아들이다!

어떻게 이처럼 정반대의 읽기가 나왔을까? 논리적으로는 표준새번역이 맞다. 맏아들이 아버지의 명령을 거부하자, 이어서 둘째에게 요청하는 순서가 맞을 것이다. 그런데 이미 구원사는 약속이나 초청이 먼저 유대인들에게 주어졌지만 이들은 결국 거부했고, 세리와 죄인들은 약속에서 벗어난 것 같았지만 결국 순종했다는 것으로 도식화되었다. 또한 탕자의 비유에서 보듯 큰아들은 항상 불순종하는 유대인으로 간주하는 편견이 작용했을 것이다. 신학적 편향이 원문마저 바꾸었다!

이 비유는 또한 아버지의 말을 공개적으로 거부하는 행위는 아버지의 권위와 명예를 현저히 욕보이고 있다는 점을 간과하고 있다. 나중에 후회하고 밭으로 갔다고 해서 실추된 아버지의 명예가 보상되는가? 어떤 잘못이 더 큰가?

원문에서 "가겠습니다, 주여"Yes, Lord라고 번지르르하게 답하고 가지 않은 둘째는 다만 바리새인들뿐인가? 행함이 없는 신앙인은 이에 해당하지 않는가?

• 그물 비유.마태 13:47-48 이 비유는 알곡과 가라지 비유와 유사하다. 천국 심판을 마치 바다에 그물을 쳐 온갖 종류의 물고기를 잡아서 끌어올리는 행위에 비유한다. 좋은 고기, 곧 알곡은 그릇에 담고, 못된 것, 곧 가라지는 내버린다. 이 비유는 하나님 나라 운동에 합류한 의인들을 향해 낙담하지 말고 끝까지 믿음을 견지할 것을 요구한다. 마지막 날 판가름이 날 것이다. 악인들은 빨리 돌이키라는 엄중한 경고를 담고 있다.

그물 비유와 유사한 형태를 〈도마복음〉8번도 전하는데 그 초점이 다르다. 그물을 던지는 자를 지혜로운 어부라 부르며, 이 어부는 잡은 고기 중 '크고 좋은 물고기 한 마리'만 남기고 모든 작은 물고기는 바다에 던져버린다. 〈도마복음〉은 심판의 비유로 해석하지 않고, 깨달음의 소중함이나 자신들이 선택받았다는 영적 엘리트주의로 해석한 것이다. 이는 바로 앞에 있는 진주 비유와 유사하다. 예수의 비유는 원저자의 손을 떠나 다양하게 적용 또는 해석되었다.

• 곳간 주인 비유.마태 13:52 이 비유는 예레미아스의 비유 목록에는 들어가 있지 않다. 사람을 낚는 어부나 산 위의 도시처럼 내용부, 곧 이야기적 요소가 없거나 약화되고 은유만 남은 비유이기 때문이다. 마태는 제자들을 '천국의 제자된 서기관'이라 부르며, 이들을 새것과 옛것을 그 곳간에서 꺼내오는 집주인과 같다고 말한다. 이처럼 그림말독일어, BuildWort만 남은 비유가 복음서에는 적지 않다. 말이나 설명보다 은유는 강력한 이미지를 만들어 낸다.

천국의 서기관은 마태복음에서 강조하는 제자의 새로운 신분이다. 제자는 그의 창고에서 옛것과 새것, 곧 전에 배운 것과 새로 배운 것을 꺼내오는 집주인과 같다. 이는 말씀 해석권을 가리킨다.

마태는 세리라기보다 랍비 출신인 듯 보이며, 산상수훈은 모세보다 더 큰 분이신 예수님이 옛것과 새것을 해석한 모범이다. 유대 랍비들은 율법의 무엇을 금지하거나 허락할 때 '매다. 풀다.'라는 단어를 사용한다. 마찬가지로 제자들은 교회의 여러 상황에서 말씀을 적용하고 해석할 수 있는 권리를 받았다.^{마 16:19, 18:18}

예수의 비유는 위대하다. 지혜 자체를 뒤집고 흔들어 새로운 깨달음으로 이끌기 때문이다. 일상사를 다루기에 쉽지만, 이로 인해 일상사가 천국의 비밀을 담지한 신비와 은유의 공간이 된다. 예수의 비유는 청중을 놀라게 하고, 의심과 질문을 던지게 하며, 결국 격렬한 토론을 거쳐 스스로 적용점을 찾아가도록 만든다는 점에서 참여적이고 열린 대화형 구조이다.

예수님은 비유를 전하면서 "들을 귀 있는 자는 들으라"^{막 4:9}라고 하거나, "그들로 보기는 보아도 알지 못하며 듣기는 들어도 깨닫지 못하게 하여"^{막 4:12}라고 반복하신다. 알아듣기 쉽게 전하려는 목적을 가진 비유가 이처럼 '비밀'처럼 되어버린 이유는 비유가 난해하거나 실제 어떤 비밀을 담고 있기 때문이 아니다. 인간의 마음이나 인간의 지혜가 편견과 욕심에 사로잡혀 어리석어졌기 때문이다. 하나님 말씀을 듣기 위해서는 열린 마음이 필요하고, 교리나 사심 없이 성서 문자나 현실이 드러내는 그대로의 세계 속에 자신을 던질 필요가 있다.

예수의 비유는 "수많은 방들을 열쇠로 잠가 놓은 어떤 궁전과 같다."오리겐 해석이 열쇠이고, 열쇠가 맞으면 그 안의 보물을 얻게 될 것이다. 과감히 시도하라!